संजीव शाह

संजीव शाह 'ओएसिस मूवमेंट' (इंडिया) के संस्थापक सदस्य हैं। उन्होंने व्यक्तित्व निर्माण एवं सामाजिक विकास से सम्बन्धित 100 से अधिक पुस्तक-पुस्तिकाओं का लेखन किया है, जिनकी लगभग 20 लाख प्रतियाँ प्रकाशित हो चुकी हैं। अंग्रेजी तथा कई भारतीय भाषाओं में उनकी पुस्तकों के अनुवाद हुए हैं। वे विद्यार्थियों तथा विभिन्न सरकारी संस्थाओं के लिए लीडरशिप कार्यक्रमों के प्रशिक्षक रहे हैं। किशोरों और युवाओं के लिए उन्होंने सलाहकार व मार्गदर्शक की महती भूमिका निभाई है। आयुर्वेद, दर्शन व अध्यात्म में उनकी गहरी रुचि है।

ई-मेल : sanjiv@oasismovement.in

करतारसिंह सिकरवार

करतारसिंह सिकरवार पेशे से अध्यापक हैं। वे लेखन, सम्पादन और अनुवाद के क्षेत्र में सक्रिय हैं। उनकी दो पुस्तकें प्रकाशित हो चुकी हैं।

जिन्दगी

जन्म, संघर्ष एवं सन्तुष्टि की दास्तान

संजीव शाह

अनुवाद

करतारसिंह सिकरवार

राजकमल पेपरबैक्स

राजकमल पेपरबैक्स में
पहला संस्करण : जनवरी, 2023
दूसरा संस्करण : अगस्त, 2023

राजकमल पेपरबैक्स : उत्कृष्ट साहित्य के जनसुलभ संस्करण

राजकमल प्रकाशन प्रा.लि.
1-बी, नेताजी सुभाष मार्ग, दरियागंज
नई दिल्ली-110 002
द्वारा प्रकाशित

शाखाएँ : अशोक राजपथ, साइंस कॉलेज के सामने, पटना-800 006
पहली मंजिल, दरबारी बिल्डिंग, महात्मा गांधी मार्ग, प्रयागराज-211 001

वेबसाइट : www.rajkamalprakashan.com
ई-मेल : info@rajkamalprakashan.com

विकास कंप्यूटर एंड प्रिंटर्स
ट्रॉनिका सिटी-201 102
द्वारा मुद्रित

मूल्य : ₹199

ZINDAGI
Janma, Sangharsh Evam Santushti Ki Dastan
by Sanjiv Shah
Translated by Kartar Singh Sikarwar

ISBN : 978-93-95737-98-2

तेजस्वी नई पीढ़ी की प्रतीक
प्यारी बिटिया हिरल को

क्रम

प्रस्तावना

ओएसिस के चरित्र निर्माण कार्यक्रम में बाल-मित्रों, किशोर-किशोरियों और युवक-युवतियों की सहभागिता बढ़ती जा रही है। स्वाभाविक है कि हम सबको हमारे वह पुराने दिन याद आएँ! मुझे तो विशेष रूप से, क्योंकि ओएसिस की स्थापना और शुरुआत वाकई में यौवन को शोभा देनेवाली—उत्साहपूर्ण एवं आदर्शवादी थी।

सन् 1991 में ओएसिस के मित्रों के लिए मैंने जिन्दगी विषय पर वार्तालाप किया था। एक घंटे के पीरियड में ठीक से बैठ नहीं सकने का ताना सुननेवाले कॉलेजों के 250 युवा इस वार्तालाप में पूरे दिन बैठे थे। हॉल में उस समय रचित वातावरण की आज कल्पना भी नहीं की जा सकती—मानो वातावरण में जिज्ञासा, जीवन के विषय में सीखने की इच्छा, उत्कटता इत्यादि ओस की भाँति फैलते जाते। वातावरण लगभग स्तब्ध और रोमांचित रहता। कैसे दिन थे वे!

हालाँकि, मैंने ऐसे वार्तालापों को प्रभावहीन समझकर बन्द किया। फिर भी उन दिनों का जोश आज के युवा मित्रों तक पहुँचे इस उद्देश्य से जिन्दगी पर दिए वार्तालापों का प्रकाशन पुस्तक रूप में हो रहा है।

पच्चीस वर्ष पूर्व के इस प्रयोग में आज मुझे स्वयं बहुत कुछ अपरिपक्व तथा क्षोभजनक लगा था। फिर भी उन दिनों की जोशीली अवस्था को सम्मान देकर कतिपय सम्पादन के पश्चात वार्तालाप मूल स्वरूप में ही प्रस्तुत हो रहा है। भले चाहे जैसी है वैसी, पर अन्ततः तो इसमें ओएसिस की बुनियाद की खुशबू है।

तेजस्वी युवा अवश्य ही इसे सकारात्मक प्रत्युत्तर देंगे। आशा है कि अन्य सुज्ञ पाठकगण भी योग्य परिप्रेक्ष्य में ही इसका मूल्यांकन करेंगे।

—संजीव शाह

पूर्वपीठिका

जिन्दगी के बारे में आज कुछ भी कहने से पहले मैं मित्रतावश अपनी कुछ भावनाएँ आपके साथ बाँटना चाहता हूँ। आज का दिन निजी तौर पर मेरे लिए अत्यन्त महत्त्वपूर्ण है। जिन्दगी के बारे में कुछ जरूरी बातें पूरे दिन कहनेवाला ही हूँ, परन्तु उससे पहले अपनी वास्तविक जिन्दगी की कुछ बातें कहूँगा, तो आप सब मेरी भावनाओं तथा संवेदनाओं को और अच्छी तरह महसूस कर सकेंगे।

आज का दिन मेरे लिए एक ऐतिहासिक दिन है क्योंकि आज से लगभग 16 महीने पहले 26 फरवरी, 1991 को वैचारिक यात्रा नामक युवा-शिविर में लगभग 250 मित्रों के समक्ष मैंने एक नया प्रयोग किया था। जिन्दगी के विषय में अपनी भावनाओं को सर्वप्रथम मैंने संगीत के साथ प्रस्तुत किया था, उसका परिचय मैंने वक्तव्य या भाषण के तौर पर नहीं बल्कि निदर्शन (डिमांस्ट्रेशन) के रूप में कराया था। उसका कारण यह था कि मैं भी नई पीढ़ी का ही युवक हूँ। भाषणों और उपदेशों से होनेवाली ऊब का अनुभव मैंने भी किया है। भाषणों से कोई सुधरता नहीं, न ही कथाओं से हजारों श्रोताओं का हृदय परिवर्तन हो जाता है? और साथ

ही, मुझे गांधी जी की आत्मकथा 'सत्य के मेरे प्रयोग' के कवर-पृष्ठ पर लिखी हुई यह पंक्ति अत्यन्त प्रभावित कर गई थी—मेरा जीवन ही मेरा सन्देश है।

गांधी जी ही क्यों, हम सभी का जीवन ही हमारा सन्देश है न? इसलिए जिस दर्शन (फिलोसॉफी) को मैं अभिव्यक्त कर सकता हूँ, जिन विचारों को मैं जी सकता हूँ और जिस सत्य की अनुभूति मुझे हुई हो, उसे मित्रता के रंग में अत्यन्त सहृदयता के साथ, खूब विनम्रतापूर्वक मित्रों के समक्ष पहुँचाने की क्रिया को मैं निरुपण हेतु कहता हूँ। बिन माँगी सलाहों एवं उपदेशों के प्रति मेरी अरुचि से ही प्रस्तुति-प्रदर्शन का जन्म हुआ है और प्रत्येक निदर्शन के समय मैं अपने हृदय में एक निश्चय को दृढ़तर करता हूँ कि जो आवाज मेरे जीवन की सच्चाई या मेरे दिल की गहराई से न आए, वो मैं न कहूँ।

यह हुई निदर्शन के बारे में मेरी भावनाओं की बात। विगत सोलह महीनों में विविध विषयों पर अब तक मैंने दस निदर्शन किए हैं। पिछले सोलह महीने से चल रही इस प्रक्रिया का निजी परिणाम क्या आया है, जानते हैं?

सोलह महीनों से अविरत चल रही इस प्रक्रिया के कारण मुझे अब एक उत्कट आकांक्षा हो रही है—अपने समग्र जीवन को प्रेम, जिन्दगी और मित्रता का निदर्शन बना देने की! और जैसा कि मैंने अभी आपसे कहा उसके मुताबिक यदि इन विषयों की गहनता को अनुभव कर सकूँ तभी खुद को इन विषयों का निदर्शन करने के योग्य मान सकूँ! बस, इसी एक बात को लेकर सोलह महीनों में मेरे अन्दर हुए परिवर्तनों से मेरे निकट के मित्र अनजान नहीं हैं।

हालाँकि अभी मैं आपको ठीक तीन वर्ष पहले की अपनी स्थिति के विषय में कुछ कहना चाहता हूँ, जिसका मैंने पहले भी बार-

बार उल्लेख किया ही है और शायद भविष्य में भी बारम्बार करता ही रहूँगा। यह मेरी निजी बात है, फिर भी मैं कुछ उद्‌देश्य से अभी आपसे कह रहा हूँ और आपसे ही एक मित्र के रूप में, मेरे प्रति आपके प्रेम के कारण मुझे यह बात कहने की प्रेरणा मिल रही है।

आप लोगों में से अधिकतर लोगों को पता नहीं होगा, जिन लोगों को जानकारी होगी उनमें से अधिकांश भूल गए होंगे, पर आज मेरा असली जन्मदिन है; मेरी युवा-प्रवृत्तियों की आज तीसरी वर्षगाँठ है! 17 जून, 1989, रविवार के दिन 10-12 युवक-युवतियाँ सर्वप्रथम वड़ोदरा में मिले थे! वह किस बात का आरम्भ था, यह तो भविष्य ही बताएगा! पर निरन्तर तीन वर्षों के मन्थन ने मुझे जो दिया है, उसे व्यक्त करने के लिए मेरे पास शब्द नहीं हैं।

आप सभी मेरी भावना को समझ ही सकेंगे, मुझे श्रद्धा है। इन तीन वर्षों में मैंने सच्चे मोती जैसे अनेक मित्र पाए हैं। उन मित्रों के सहयोग से अपनी प्रेमभावना को शुद्ध करने का मैं निरन्तर प्रयास कर रहा हूँ और उसी मित्रता के सान्निध्य में मेरी आँखों में कितने ही स्वप्न भी तैरने लगे हैं जिन्होंने मेरी जिन्दगी को मानो नया जन्म दिया है! मेरी झोली छलक जाए, इतना अधिक मुझे मिलने के पीछे के कारणों को खोजने का प्रयास करता हूँ तो मैं वाकई में दंग रह जाता हूँ! जानते हैं, क्यों? क्योंकि कारण एक ही है और अत्यन्त सरल है।

अपनी जिन्दगी को अत्यन्त सार्थक रूप से जीने की उत्कट आकांक्षा, कोई अधूरापन न रह जाए, ऐसी प्रबल आकांक्षा ही मुझे यहाँ तक खींच लाई है जहाँ अभी मैं हूँ।

शारीरिक दृष्टि से कमजोर कद-काठी वाला, लड़के जैसा दिखनेवाला एक युवक; भोलेपन के परिणामस्वरूप बारम्बार कुछ लोगों के मजाक-उपहास का पात्र बननेवाला एक युवक; तरह-तरह के पूर्वग्रहों और

ग्रन्थियों से पीड़ित नवयुवक; अन्दर-ही-अन्दर अकुलाता, कुचलाता, मुरझाता यह युवक और फिर भी हिम्मत न हारते हुए, जिन्दगी को सही ढंग से जीने की आशा रखनेवाले उस युवक की दास्तान ही मेरी दास्तान है, और मेरी दास्तान ही मेरे बहुत से मित्रों की भी दास्तान है, यह मैं समझ रहा हूँ।

मेरी कद-काठी नहीं बदली है; अभी मेरे भीतर निर्दोषिता और भोलापन जीवित ही है; अभी भी अनेक बार घबराहट का अनुभव होता है, फिर भी मैं निश्चित ही बदल गया हूँ। मैं पहले था वही आज भी हूँ, फिर भी वैसा नहीं हूँ। मेरी मनःस्थिति ऐसी है कि कुछ विचित्र लगे!

खैर! अब आज मेरी प्रवृत्ति का 'जन्मदिवस' है, और यह ऐसा जन्म दिवस है जब मुझे खूब-खूब देने, बाँटने की भावना हो! और साथ ही मधुर उलझन की शुरुआत भी होती है! ऐसे सुन्दर दिन पर, मेरे लिए इस पवित्र दिन पर अपने अत्यन्त प्यारे मित्रों के अन्दर जी रहे मानव को, एक मानव के रूप में मैं क्या दे सकता हूँ? यही मेरी उलझन है! श्रेष्ठतम, सर्वोत्तम चुनने की उलझन!

अभी-अभी कुछ दिनों पहले मेरा 'दुनियावी' जन्मदिन बीता, उस समय कुछ मित्रों ने मिलकर मेरे प्रति उनकी भावना के प्रतीक स्वरूप मुझे तीन संकल्पों की भेंट दी थी। उससे बोधग्रहण करके मैंने आज आपको ऐसे तीन सिद्धान्त उपहार में देने का निश्चय किया है जिनसे जिन्दगी सार्थक बन सके; ऐसे तीन महामंत्र, जिनके सहारे कोई भी जीवन सफलता एवं परितृप्ति का आस्वाद ले सकता है!

किन्तु मेरे जीवन के अणु-अणु में रचे-बसे यह तीन महामंत्र दिन की समाप्ति पर आपसे मैं कहूँ, उससे पहले आज समग्र दिवस के दौरान मैं आपके साथ और भी कुछ बाँटना चाहता हूँ—और वह है जीवन जीने की उत्कट आकांक्षा, जिजीविषा; इसके कारण भी

मैं अपनी जिन्दगी को दिन-प्रतिदिन अधिकाधिक सार्थक होते हुए अनुभव कर रहा हूँ।

क्या है यह जिजीविषा? मनुष्य रक्त की अन्तिम बूँद तक जीना न छोड़े, हार न माने। यह भावअमृत 'घायल' की निम्नलिखित इन पंक्तियों में व्यक्त हुआ है :

मरने की कगार पर हूँ, फिर भी जी सकता हूँ,
सन्देह हो तुझे तो लो यह करवट बदल ली!

(गुजराती से अनुवाद)

यह आप सभी को मेरा अत्यन्त स्नेहपूर्वक दिया गया उपहार है। मेरे मन में यह अत्यन्त ही अनमोल है। मुझे विश्वास है, इसे आप स्नेह एवं समझदारीपूर्वक स्वीकार करेंगे।

आज पूरे दिन के अपने निदर्शन के सम्बन्ध में थोड़ी बातें कर लूँ।

कोई भी संवेदनशील व्यक्ति अपने जीवन के बारे में गम्भीरतापूर्वक विचारशील हो तो कभी न कभी उसे अवश्य ही कुछ प्रश्न होते ही हैं। मैं कौन हूँ? कहाँ से आया हूँ और कहाँ जाना है? *मेरे जीवन का प्रयोजन क्या है?* इत्यादि...दुर्भाग्यवश हमारे जैसे सामान्य मनुष्यों को इन प्रश्नों के उत्तर आसानी से प्राप्य नहीं हैं, और उसके कारण हम एक बेचैनी और उलझनभरी स्थिति में पहुँच जाते हैं। इस अवस्था से मुक्ति के लिए तार्किक दृष्टि से दो उपाय हैं। प्रथम तो यह कि, *जाने दो न यार! जिन्दगी मजा करने के लिए है, व्यर्थ ही विचार करके क्यों दिमाग खराब करना?* जो मेरी दृष्टि से पलायन है। और दूसरा उपाय है, जीवन को निरन्तर समझने की कोशिश करना, कोशिश से प्राप्त समझदारी के अनुसार जीवन जीने का पूरी तरह से प्रयास करना और ऐसा करने से प्राप्त अनुभवों द्वारा जीवन जीने के प्रयास को अधिकाधिक परिपक्व बनाते रहना।

स्वाभाविक रूप से प्रथम उपाय सरल है, द्वितीय कष्टपूर्ण। मेरी पसन्द द्वितीय उपाय है और आपका भी वैसा ही होगा, यह मान लेता हूँ। तभी आज हम सभी का साथ में बैठना सार्थक गिना जाएगा।

निदर्शन आरम्भ करने से पहले पुनः एक बात कहता हूँ। आज मैं जो कुछ भी बोलूँगा वे मुख्यतः मेरे हृदय से निकलनेवाली संवेदनाएँ हैं, जिन्हें बुद्धि ने शब्दों का आकार दिया है। इन संवेदनाओं को महसूस करने में आप अपने अन्तःकरण का ही अधिक उपयोग करेंगे तो मैं आपको विश्वास दिलाता हूँ मैं 'मैं' नहीं रहूँगा और आप 'आप' नहीं रहेंगे; सब कुछ जिन्दगी के विशाल प्रवाह में एकाकार हो जाएगा।

'ज़िन्दगी' पर आज के निदर्शन को मैंने तीन भागों में बाँटा है—इसके पीछे की अपनी समझ को भी व्यक्त कर लूँ।

मानव शरीर का जन्म तो आकस्मिक घटना होगी,
परन्तु 'ज़िन्दगी' का जन्म आकस्मिक घटना नहीं होती,
वह मनुष्य का चुनाव होती है।

जिन्दगी का जन्म हो सके अथवा हमें प्राप्त मनुष्य जीवन के अवसर को हम सफल बना सकें उसके लिए आवश्यक कतिपय मूलभूत तत्त्वों का विश्लेषण मैंने प्रथम चरण में किया है।

'जिन्दगी' को सही ढंग से जीने का प्रयत्न करने के साथ ही मनुष्य को एक जबरदस्त संघर्ष से गुजरना पड़ता है, इस प्रक्रिया में से सफलतापूर्वक पार उतरने के लिए कुछ तत्त्वों का विश्लेषण मैं दूसरे चरण में करूँगा।

जबकि तीसरे और अन्तिम सन्तुष्टि नामक चरण में मैं कुछ आध्यात्मिक पहलुओं के बारे में अपने विचारों को व्यक्त करूँगा। मुझे विश्वास है कि आज के आधुनिक नवयुवक की ईश्वर, धार्मिकता और

ऐसे ही कुछ विषयों के बारे में भावनाओं को अभिव्यक्ति करना यहाँ उपस्थित बुजुर्गों के लिए भी रोचक होगा।

और अन्त में, सर्वप्रथम मैं यहाँ उपस्थित सभी बुजुर्गों को अपने पुत्र जैसे युवक की भावनाओं को धैर्यपूर्वक सुनने की उनकी नम्रता तथा उस नम्रता में निहित उनकी महानता को वन्दन करता हूँ। मेरे अत्यन्त ही प्रिय युवा भाई-बहनों को तो क्या कहूँ? आप सब मुझसे पृथक नहीं रहे। मैंने आज तक मेरे अपनों के साथ कोई औपचारिकता नहीं की है तो अब थोड़े ही करूँगा!

कमर कसी है

चलो आज भाई, उठा लो लंगर, समुन्दर में अपनी उतार लो कश्ती,
सुरक्षित किनारे के भय को छोड़ दो, तूफानों से कह दो कि कमर कसी है।

जाने दो मुहब्बत की वे अड़ियल बातें, मुहब्बत के वे मरियल गीत जाने दो
जगा दो जगत को कुछ इस तरह, काया के कण-कण में जवानी बसी है।

हमारे चमन में सुमन नहीं खिलते, हरदम ही रखवाली काँटों की की है,
पाला हमारा पड़ा है जो पतझड़ से, निकम्मी-निकम्मी बसन्तें हँसी हैं।

हमें नहीं चाँद के साथ निसबत, हमें तो बस बिना रुकावट चलना है,
हमारी है यात्रा धधकती धरा पे, दिनभर जो सूरज की लू में तपी है।

हम सिन्धु के सुर पे घूमनेवाले! हम शंखनाद कर जूझनेवाले,
न छेड़ो मधुर तान बंसी की, हमें तो वह नागिन के जैसे डँसी है।

पिलाओ न हसीनों के हाथों से अमृत, हमें नहीं चाहिए वो मुलायम नशा,
कालकूटों को घोल कर पी लेंगे, हमारी भी शक्तियाँ शंकर जैसी हैं।

कातिलाना दु:ख-दर्द सहे हैं हमने, भरी आहें ठंडी तो नि:श्वास है गर्म,
कल थी जीवन में जो गम की रेखा, मौत के सामने अज मुझ पर हँसी है,
तूफानों से कह दो कि कमर कसी है।

(मूल गुजराती—मधुर रांदेरिया)

जन्म

मृगतृष्णा

सैकड़ों वर्ष पूर्व मानव जीवन में कुछ क्रान्तिकारी परिवर्तन आए थे, जिनसे हम सब परिचित हैं। जैसे—आज हम अपनी पृथ्वी के प्रत्येक भूखंड में बसनेवाली विविध प्रजातियों के अस्तित्व के बारे में बहुत कुछ जानते हैं। हम उनके दिन-प्रतिदिन के जीवन, राजनीतिक पक्षधरता या रुचि, उनकी मुख्य समस्याओं आदि के साथ निरन्तर सम्पर्क में रह सकते हैं। परन्तु एक समय ऐसा भी था, जब कोलम्बस अपनी मातृभूमि और अपने लोगों को छोड़कर समुद्र के उस पार किसी अन्य ही प्रजाति की खोज में निकल पड़ा था। आज हमें अत्यन्त आश्चर्य होना स्वाभाविक है, परन्तु उस समय लोग यह मानने को तैयार नहीं थे कि उनके सिवाय किसी दूसरी समृद्ध संस्कृति या प्रजाति का अस्तित्व भी पृथ्वी पर हो सकता है! जब-जब कोलम्बस जैसे विरलों ने कोई नई बात की है, तब-तब उन्हें लोगों की तरफ से जबरदस्त उपहास या संघर्ष का सामना करना ही पड़ा है, फिर चाहे वह बात पृथ्वी के सही आकार की हो या फिर चन्द्रमा पर जाने की!

सम्भवत: आप सभी को खयाल होगा ही कि वर्तमान समय में भी सूक्ष्म भूमिका में एक जबरदस्त क्रान्ति की भी शुरुआत हो चुकी है जिसे लोग झट से स्वीकार नहीं कर सकते। आपने शायद इसके विषय में गहराई से विचार करने का प्रयत्न नहीं किया होगा। परन्तु मुझे विश्वास है कि हमारे समय की एक महानतम खोज, सबसे

महान क्रान्ति के बारे में विचार करना सबको अवश्य पसन्द आएगा। कौन-सी बात है यह, जिसके कारण इस समय समाज का पूरा ढाँचा चरमरा रहा है? कौन-सी खोज है यह, जिसके कारण हरेक मनुष्य की पूरी जिन्दगी ही बदल सकती है? कौन-सी क्रान्ति है यह, जिसकी सूक्ष्मता और गहराई में महासागर की उछलती लहरों जैसी जबरदस्त शक्ति छुपी हुई है?

आपके कुतूहल और बात को शीघ्र जानने की उत्कंठा को समझ सकता हूँ। इस क्रान्ति को समझ लेना और जितनी जल्दी हो सके उतनी जल्दी उससे जुड़ जाना, हो सके तो अभी ही, इसी समय—यह हम सबके हित में है। हाँ, आपको यह बतलाने से पहले एक आवश्यक चेतावनी देना चाहूँगा। मैं जो बात करूँ उसे हँसी-मजाक में उड़ा देने या हल्के में लेने की गम्भीर भूल मत करना! ऐसी भूल सैकड़ों वर्ष पहले संकुचित मानस वाली कई प्रजातियाँ कर चुकी हैं, जो अभी मैंने आपसे कहा, जो इससे हमें अवश्य कोई बोधपाठ लेना चाहिए।

अब मैं आपकी उत्कंठा का अन्त लाता हूँ।

मैं आपसे यूँ कहूँगा कि हम जो देख रहे हैं उसके अलावा दूसरी एक दुनिया की खोज मैंने भी की है, तो आपको अवश्य आश्चर्य होगा ही।

इस दूसरी विशाल, सुन्दर दुनिया का अस्तित्व बाहर नहीं है,
परन्तु मेरे और आपके नन्हे-से हृदय के अन्दर है।

मैं नम्रतापूर्वक यह मानता हूँ कि अधिकांश लोग बाहरी दुनिया और उसके नीति-नियमों को जितना सम्मान देते हैं, उतना मान अपने भीतर की दुनिया को नहीं देते। इसे मैं अपनी 'मौलिक' खोज मानता हूँ, पर इसमें नया कुछ भी नहीं है! क्योंकि वह मुझ अकेले की खोज नहीं ही है।

आपका यह प्रश्न हो सकता है कि इसमें जबरदस्त क्रान्ति की बात कहाँ आई? आजकल अधिक-से-अधिक लोगों को मैं खुलेआम अपने भीतर की दुनिया को अधिक-से-अधिक मान देते हुए देख रहा हूँ। एक ही मनुष्य ऐसा करता है तो लगता है मानो उसमें विस्फोट हो रहा है! तो समाज के अधिक-से-अधिक लोग इस क्रान्ति में जुड़ेंगे तब क्या होगा, इसकी कल्पनामात्र से मेरे शरीर में रोमांच हो जाता है! साथ ही मनुष्य जब अपनी आन्तरिक सम्भावनाओं की अवहेलना करता है तब बहुत बड़ी दुर्घटना भी घटित होती है। दुर्भाग्य से ऐसी घटनाएँ चुपचाप-नि:शब्द घटित होती हैं, जिनका आभास सम्बन्धित व्यक्ति को खुद भी नहीं होता। मैं अगर एक उदाहरण देकर इस पूरी बात को समझाने का प्रयास करूँ तो कदाचित और अधिक स्पष्टता से मेरी जबरदस्त क्रान्ति वाली बात को आप महसूस कर सकेंगे।

थोड़े समय पहले मैं एक अत्यन्त संवेदनशील लड़की के सम्पर्क में आया था। मैं उसका वास्तविक नाम बता सकने की स्थिति में नहीं हूँ। अत: हम उसे अनामिका के नाम से पहचानेंगे।

अनामिका एक सुन्दर लड़की है। अत्यन्त संवेदनशील होने के नाते जबसे वह समझने लायक हुई तब से छोटी-छोटी बातों का उसके हृदय पर गहरा प्रभाव होने लगा। वह दस-बारह वर्ष की थी, तब से उसके हृदय के भीतर एक सुन्दर दुनिया की रचना की शुरुआत हुई थी। तब से लेकर आज तक उसके हृदय के भीतर यह दुनिया निरन्तर विकसित हो रही है। वह छोटी थी, अत्यन्त निर्दोष थी, तब तक उसके जीवन की किताब पर कुछ भी नहीं लिखा गया था। उसने मदर टेरेसा का नाम सुना। मदर टेरेसा के कामों में महकती मानवता की सुगन्ध उसके हृदय को स्पर्श कर गई। अनामिका भले ही छोटी थी, परन्तु आखिरकार थी तो स्त्री जाति ही न! उसके भीतर एक मातृहृदय था ही, भले ही उसकी उम्र दस-बारह वर्ष की ही थी। इतनी छोटी उम्र में भी कोई लड़की ऐसा

स्वप्न देख सकती है कि "बड़ी होकर मैं छोटे-छोटे अनाथ बच्चों को खूब-खूब प्रेम दूँगी, उनकी सच्ची माँ बनूँगी!"

ऐसा सुन्दर स्वप्न-संस्कार लेकर जीवन के पड़ाव पार कर रही थी कि धीरे-धीरे उस खतरनाक घटना की शुरुआत हुई।

अनामिका अत्यन्त साधन-सम्पन्न परिवार में पल रही थी। खूब पैसा, बंगला, गाड़ी और अन्य बहुत-सा वैभव उसके जीवन में था परन्तु परिवार के लगभग सभी सदस्य अत्यन्त रूढ़िवादी और संकुचित मनोवृत्ति वाले थे। इन सभी संयोगों के कारण अनामिका के जीवन में भूलों की श्रृंखला आरम्भ हुई।

कैरियर के लिए विषय के रूप में उसकी अभिरुचि के अनुरूप आर्ट्स की जगह विज्ञान के विषयों को चुना गया, क्योंकि पारिवारिक विरासत में सभी ने तथाकथित 'उच्च शिक्षा' प्राप्त की थी, इसलिए अनामिका को भी विज्ञान के विषय चुनने ही पड़े। बारहवीं कक्षा में मेडिकल या इंजीनियरिंग में जाने के लिए योग्य प्रतिशत नहीं आए। कोई हर्ज नहीं, पैसा तो है न? पैसे से आजकल योग्यता भी खरीदी जा सकती है! हृदय की आवाज के विरुद्ध उसे उच्च अभ्यासक्रम में डोनेशन के सहारे प्रवेश लेना पड़ा। इस समय वह पूर्ण गम्भीरता से पढ़ाई को न्याय देने का प्रयत्न करने के बावजूद भी उज्ज्वल सफलता न प्राप्त कर सके, तो इससे मुझे कोई आश्चर्य नहीं होगा! आखिरकार तो वह अपने हृदय के एकदम विरुद्ध दिशा में चल रही है। मैं उसके परिचय में आया, तब से मैं निरन्तर उसके जीवन का साक्षी हूँ! वह अपनी रुचि के अनुकूल, उसे अच्छी लगनेवाली एक भी प्रवृत्ति बिना संघर्ष के नहीं कर सकती।

अनामिका को मैं उससे निरन्तर घुटती, कुचली जाती, पीड़ित होती तथा उससे मुक्त होने के लिए जान पर खेलते हुए देख रहा हूँ। अनामिका की जिन्दगी अनामिका की जिन्दगी नहीं है! वह उसके परिवारवालों

की जिन्दगी है, वह उसके 'आदरणीय बुजुर्गों' की जिन्दगी है। उसकी जिन्दगी पर बाह्य विश्व की रूढ़ियाँ, प्रणालियाँ और झूठी शान राज कर रहे हैं। अनामिका की जिन्दगी दूसरे सभी की है, पर अनामिका की खुद की नहीं है। और हम जानते हैं कि यह बात मात्र अनामिका की जिन्दगी की ही नहीं है!

हम लोग लगभग प्रतिदिन सुन रहे होते हैं कि, भ्रष्टाचार करना ही पड़ेगा क्योंकि वह समाज का एक अंग बन गया है। बेईमान बनना ही पड़ेगा क्योंकि उसके बिना जीना आजकल लगभग असम्भव है, वह समाज का एक अंग बन गया है।" "अन्याय सहन करना ही पड़ेगा क्योंकि हम विवश हैं, क्या कर सकते हैं?" "दहेज देना ही पड़ेगा", "मजबूरन फलाँ गाँव के दूल्हे के साथ साज-शृंगार सजकर शादी करनी ही पड़ेगी", "हिंसा और खून-खराबी देखकर डरके मारे चुप बैठे रहना पड़ेगा..."

मैं यह पूछना चाहता हूँ कि, इस करना ही पड़ेगा की कोई हद है?!

मैं जिस जबरदस्त क्रान्ति की बात कर रहा हूँ, उसकी सूक्ष्मता को समझने और उसके महत्त्व को महसूस करने के लिए इस क्रान्ति की आवश्यकता को समझना खूब जरूरी है।

ऑस्कर वाइल्ड ने कहा है कि,

> *One's real life is so often the life that*
> *one does not lead.*

मेरी जिन्दगी सिर्फ मेरी ही नहीं है, दूसरे किसी की भी है! कभी घर में अकेले हों उस समय आईने में देखकर, दिल पर हाथ रखके पूछकर देखना कि जो आईने में दिखाई दे रहा है, वह वाकई में 'आप' ही हैं, जिसकी आप अपने दिल की गहराई में कामना करते हों?!

> *मेरी जिन्दगी किसी और की, मेरे नाम का कोई और है।*
> *मेरा अक्स है सर-ए-आईना, पस-ए-आईना कोई और है।*

अथवा जैसा 'शून्य' पालनपुरी ने कहा है वैसे,

जमाने का तयशुदा करना पड़ता है,
कई बार बे-मन मरना पड़ता है,
जीवन के मोड़ मत पूछिए हमसे,
हर पड़ाव पर उतरना पड़ता है।

मूर्च्छावस्था

मनुष्य की जिन्दगी के दो मुख्य दुश्मन हैं, जिनका उल्लेख आरम्भिक चरण में ही कर लेना चाहूँगा, जिससे उस सूक्ष्म क्रान्ति अथवा विस्फोट की आवश्यकता को हम अधिक अच्छी तरह से समझ सकें। इन दोनों दुश्मनों को हम जितनी अच्छी तरह समझ पाएंगे, जिन्दगी के सफल होने की सम्भावना उतनी ही अधिक बढ़ जाएगी।

मनुष्य की जिन्दगी का पहला दुश्मन है—'हताशा'।

समाज एवं व्यक्ति की नस-नस में हताश होने की प्रक्रिया जिस तरह फैल चुकी है, वह भी वाकई में इतनी आश्चर्यजनक है कि आँख फट जाए!

किसी 'महान' क्षण में मैं ऐसा निश्चय करूँ कि कल से तो अवश्य सुबह के पाँच बजे उठूँगा ही। दूसरे दिन जब सात-आठ बजे आँख खुले, तब बिस्तर पर बैठकर पहला काम हताश होने का ही करूँ! और फिर शुरू होता है एक सिलसिला—हताश होते रहने का, बेचैनी का, घुटते रहने का! किसी स्थान पर खूब प्रयत्नपूर्वक ठीक समय पर पहुँच जाएँ और पता चले कि हमारे जैसे मूर्ख बहुत कम ही हैं; लोग आराम से धीरे-धीरे आते हैं! हम आधे घंटे से लाइन में खड़े हैं और कितने ही लोग लाइन में किसी भी तरह आगे घुसकर किसी भी तरह से टिकट का प्रबन्ध कर लें। बस कंडक्टर बढ़ा हुआ पैसा वापस करने की वृत्ति न दिखाए और रकम इतनी छोटी हो कि वापस माँगने में भी संकोच लगे! ट्रैफिक पुलिस पैसा निकालने के लिए ही पकड़े और

गलत-सलत धाराएँ लगानी शुरू कर दे! कोई अच्छा काम करने का प्रयत्न कर रहे हों, विनम्रता के साथ कुछ सीखने का प्रयत्न कर रहे हों, फिर भी बुजुर्ग केवल निंदा ही करते रहते हों तब...ऐसी हताशा या घुटन होती है कि कुछ मत पूछो!

मैं एक छोटा-सा उदाहरण दूँ। कई बार मुझे अकेले यात्रा करनी पड़ती है और ट्रेन में रिजर्वेशन न मिले तो बस में रात्रि-यात्रा करनी पड़ती है। जब-जब मैं रात्रि कोच में इस तरह की यात्रा के लिए बुकिंग कराने जाऊँ उस समय मैं खास रूप से कहता हूँ कि मुझे एकदम पीछे की लाइन में सीट नहीं चाहिए इत्यादि-इत्यादि। विकल्प उपलब्ध हो तो ग्राहक के रूप में चुनने का हक है और मुझे सदैव सन्तोषजनक सीट दी ही जाती है। बस रात दस बजे की बारह बजे आए उसके बाद मुझे पता चले कि मेरी सीट किसी और को दे दी गई है। कोई भी दलील करूँ तो मुझसे कहा जाए कि पीछे की लाइन में या केबिन सीट पे नहीं बैठना हो तो नीचे उतरके अपना पूरा-पूरा पैसा ले लो! रात बारह बजे सामान लेकर अकेला व्यक्ति कहाँ जाए? और वह भी कई बार अनजान इलाके में! ऐसा लगे कि लोगों को नीति-अनीति का जरा भी ध्यान नहीं है? उनका धन्धा कैसे चलता है?!

परन्तु धन्धा चल ही रहा है! खूब धड़ल्ले से चल रहा है! फिर रात के बारह बजे असन्तुष्ट मन से, चुपचाप बस में जहाँ बैठाए वहाँ बैठना पड़े तब ऐसी हताशा होती है और ऐसा गुस्सा आता है कि भगवान शिव की भाँति तीसरा नेत्र खोलने की इच्छा हो! परन्तु वह भी हो न सके!

खैर! कहने का सार इतना ही है कि इस समय समाज व्यवस्था ऐसी खराब हो गई है कि हताशा का अनुभव न हो, यह लगभग असम्भव है। हताशा आधुनिक मानव जीवन का ऐसा हिस्सा बन गई है कि मानो इसे दूर किया ही नहीं जा सकता!

अब, एक रोचक बात कहूँ। हताश होने के लिए जैसे हमारे पास अपने कारण कम है कि हम दूसरे लोगों के कारण भी हताश हो जाते हैं!

"मेरे मित्र मेरी कद्र नहीं करते", "वे मुझे समझते ही नहीं", "वे मेरी अवहेलना करते हैं", "उसे ऐसा नहीं बोलना चाहिए", "उसे कुछ भी पढ़ने में रुचि ही नहीं है", "वह पूरा दिन पढ़ता ही रहता है", इत्यादि इत्यादि..."अरे भाई उसे जो करना है करे, तुम अपना काम करो न! हाँ, उन्हें कोई तकलीफ हो और तुम मदद कर सकते हो तो अवश्य करो। परन्तु तुम अकारण ही मुँह लटकाए फिरते हो। तुम्हारी समस्याएँ क्या कम हैं, जो दूसरों की समस्याओं को गले बाँधकर घूमने का शौक रखते हो?!"

बात-बात में हताश हो जाना हमारा स्वभाव बन गया है। हाँ, यह सच है या संयोग ही कुछ इस प्रकार के हैं जिनके कारण बारम्बार हताश हो जाने की परिस्थितियाँ आती हैं। परन्तु ऐसी परिस्थितियों का एक सकारात्मक पहलू भी है, और वह यह कि मनुष्य हर बार कुछ सीखकर अपने व्यक्तित्व का विकास कर सकता है।

मनुष्य की जिन्दगी का दूसरा बड़ा दुश्मन है—'डर'।

मनुष्य को डर केवल बाघ-सिंह, मृत्यु का या चोर-लुटेरों का ही नहीं बल्कि छोटी-छोटी अनेक बातों का होता है। अँधेरे का डर, एकान्त का डर, सामनेवाले व्यक्ति के नाराज होने का डर, गलतफ़हमी हो जाने का डर, ऑफिस में बॉस का डर, चपरासी की नजरों का डर, सब्जीवाले या धोबी की निगाह में उतर जाने का डर, परीक्षा के परिणाम का डर...इतने प्रकार के अनगिनत डर हैं कि उसे गिनते गिनते जीवन भी कम पड़ जाए।

हताशा की ही भाँति डर की भावना भी इतने सूक्ष्म रूप से हमारे जीवन के साथ ओत-प्रोत हो गई है कि हमें पता भी नहीं चलता कि उसके कारण हमारा विकास कितना अवरुद्ध होता है! आपने कभी कल्पना की है कि 'डर' नामक शब्द ने मनुष्य की वर्तमान जिन्दगी

की क्या हालत बना रखी है? किसी दिन शान्त चित्त से विचार करने का प्रयत्न करके देखें तो आँखें फटी रह जाएँगी!

बस या ट्रेन में यात्रा कर रहे हों और कोई 'पढ़ा-लिखा' मूर्ख मनुष्य सिगरेट का धुआँ निकालता हो और वह धुआँ हमारे फेफड़ों में जा रहा हो। हमारे आसपास बैठे दूसरे युवा या छोटे-छोटे बच्चों के स्वास्थ्य पर आक्रमण होता हो, उस समय नाक दबाकर खिड़की के बाहर देखते रहने के सिवाय हम कुछ करते भी हैं? डर? किस बात का डर? हमें यह क्यों सहन करना चाहिए? कोई मुझे समझाएगा? एक बार एतराज करोगे तो हो-होकर क्या होना है? पर हराम है कि कोई माई का लाल एक अक्षर भी बोले तो! भारत की प्रजा अत्यन्त 'सहनशील' है न!

कोई ट्रैफिक पुलिसवाला अपनी हैसियत और कर्तव्य भूलकर अपने देश और अपने शहर के एक सामान्य इनसान का खून चूसने का प्रयत्न करता हो, रेहड़ीवालों से हफ्ते वसूलता हो, ऑटोरिक्शावालों को गलत कारणों से डाँटता हो, उस समय उसे दिन में तारे दिखने लगें इस तरह उसे चुनौती देने का प्रयत्न वहाँ से गुजर रहे कितने भद्र पुरुष या महिलाएँ करते हैं? "हमें क्या?" लानत है हमारी ऐसी गैरजिम्मेदाराना डरपोक वृत्ति को!

पूरे देश में व्याप्त भ्रष्टाचार, अन्याय और त्रासवाद को पोषित करने, फैलाने के लिए एक ही चीज की जरूरत है, और वह है डर! प्रतिकार न करने की मनोवृत्ति, चुपचाप निजी सुरक्षा ढूँढ़ने की मनोवृत्ति। इस शुतुरमुर्गी वृत्ति ने मनुष्य की जिन्दगी और समाज को बरबाद कर डाला है। हम सबको यह भली-भाँति सोच लेने की आवश्यकता है, मुझे भी और आपको भी! साथ-ही-साथ जितना अधिक-से-अधिक लोगों को हो सके समझाने की जरूरत है।

मेरा वश चले तो जीते जी मुरदा जैसे मनुष्यों के लिए के जेल खुलवाऊँ! इन लोगों को खाने-पीने की चीजें और टेलीविजन देकर जेल

में ही रखना चाहिए और बाहर निकलने पर सम्पूर्ण प्रतिबन्ध लगा देना चाहिए, जिससे सही ढंग से जीने के इच्छुक लोग इनकी सलाहों और उपदेशों के बिना खुमारी और उत्साह से जी सकें।

अतिशयोक्ति के लिए क्षमा करें! पर अपना पूरा देश ही जेल जैसी बन गया हो, ऐसा नहीं लगता? कोई मानो कुछ भी बोलता ही नहीं है! सब चुपचाप! बस पृथ्वी सूर्य की प्रदक्षिणा करती है, रात होती है, दिन होता है और फिर रात होती है...

और सब तो ठीक, पर युवक भी क्यों नहीं बोलते? यौवन चुप क्यों है? मैं यह पूछता हूँ, हमारे भीतर एक भारी विस्फोट क्यों नहीं होता?! युवावस्था तो जिन्दगी की सच्चाई के लिए लड़ने का समय है, संघर्ष करने का समय है...चुपचाप बैठे रहने का समय नहीं है! कुछ करने की शुरुआत करने का समय है!

अपनी जवानी में हमें क्या सूझता है? लड़कों को लड़कियों के पीछे पड़ना या लड़कियों का लड़कों के पीछे पगला जाना? चोरी-छिपे बीड़ी-सिगरेट पीना या पान-गुटखा खाना, फैशनेबल बनना या फालतू घूमना, टाइमपास करना...। यह जवानी है? इसमें कौन-सा बड़ा काम है? इसे फालतूगीरी कहा जाए या नहीं?

जवानी में तो आदर्शों के लिए जीने और लड़ने का उत्साह-उमंग होना चाहिए! दुनिया को अधिक बेहतर बनाने का सपना होना चाहिए किन्तु अफसोस, युवा तो यहाँ मानो मर चुके हों या मूर्च्छावस्था में हों, ऐसा लगता है।

मोड़ होता है जवानी का सँभलने के लिए
और सब लोग यहीं आ के फिसलते क्यूँ हैं...

जीवन-नृत्य

पुराने जमाने में मिस्त्र के लोग ऐसा मानते थे कि उनकी मृत्यु के बाद उनके भगवान ओसीरिस उनसे दो ही प्रश्न पूछेंगे, जिनके उत्तर के आधार पर यह तय होगा कि मृत्यु के बाद उनका क्या होगा?

उन दो प्रश्नों में से पहला प्रश्न था,

"Did you bring joy?"

और दूसरा प्रश्न था,

"Did you find joy?"

बाहरी दृष्टि से यह छोटी-सी बात बहुत सरल लगती है, परन्तु उसमें जीवन का गहन दर्शन (फिलोसॉफी) समाया हुआ है। हालाँकि उसे महसूस करने के लिए खूब चिन्तन की जरूरत है, फिर भी मैं एक सत्य घटना के आधार पर इस बात को समझाने का प्रयत्न करता हूँ।

ओएसिस के अनेक मित्रों ने मेरे साथ की निजी बैठकों के दौरान अपने अन्तरतम की भावनाएँ मेरे समक्ष व्यक्त की हैं। अभी एक किशोर मुझसे मिलने आया था। यह बात सच है, परन्तु मैं उसका सही नाम नहीं देना चाहता, इसलिए हम उसे 'किशोर' के नाम से ही पहचानेंगे। किशोर अत्यन्त बुद्धिशाली, संवेदनशील एवं प्रतिभाशाली लड़का है और वह फिलहाल दसवीं कक्षा में पढ़ रहा है।

वह जब ओएसिस शिविर में आया तब उसे समझ में आया कि जीवन अन्ततः मनुष्य का चयन ही होता है, मनुष्य कितनी अच्छी तरह

प्रत्येक घटना और परिस्थिति को प्रत्युत्तर दे सकता है, उसी से यह सिद्ध होता है कि मनुष्य कितना जवाबदेह है।

Responsibility is an ability
and willingness to respond.
It, in its true sense,
is an entirely voluntary act.

यह सुनकर कोई भी संवेदनशील व्यक्ति अवश्य ही ऐसा सोचने लगेगा कि वह स्वयं वास्तव में हर बार, पूरी जवाबदेही से, जितना उससे हो सके उतना अधिक-से-अधिक श्रेष्ठ प्रत्युत्तर देने का प्रयास करता है या नहीं? दूसरे मित्रों की तरह किशोर भी अतिसंवेदनशील होने के नाते इस दिशा में विचार करने लगा। फिर वह मुझसे मिलने आया।

उसने मुझे अपने जीवन की ढेर सारी बातें कही। उससे अन्याय सहन नहीं होता, किन्तु शाला में वह हमेशा भेदभाव तथा अन्याय देखता है। उसका खून खौल उठता है। परन्तु वह बोलता है तब कोई उसका साथ नहीं देता और अन्त में उसे ही बुरा दिखाया जाता है और सब में अप्रिय बन जाता है। उसके घर में भी कोई उसे समझता नहीं है। उसे विज्ञान के विषय बिलकुल पसन्द नहीं हैं, फिर भी विज्ञान के विषय लेने पड़ते हैं। पूरा दिन शाला और ट्यूशन में पूरा हो जाता है, फिर भी वह पढ़ाई में सन्तोषप्रद परिणाम नहीं ही ला पाता। उसे घर में हमेशा टोका जाता है, ताने मारे जाते हैं। उसे इतनी घुटन होती है कि वह अकेले में रो लेता है, फिर भी उसके दिल का बोझ हल्का नहीं होता।

ऊपर से मानो इतना जैसे कम हो, कि वह बार-बार बीमार पड़ जाता है। कुछ दिन पहले ही उसे मलेरिया के कारण बिस्तर पर पड़े रहना पड़ा। ऐसी हालत में वह मन से टूट गया। उसे लगा कि जीवन में वह स्वयं कुछ नहीं कर सकेगा। शायद दसवीं कक्षा में वह पास भी न हो सके, तो फिर घरवाले क्या कहेंगे? उसे भयंकर डर लगने

लगा...उसे ऐसा विचार आया कि ऐसे जीने से तो मौत भली...जीवन का अन्त क्यों न कर दूँ?

उसके घर के पास ही रेलवे की पटरियाँ थीं। उसे लगा कि पटरी पर सो जाएगा तो बात खत्म हो जाएगी। उसके दिमाग में मरने की दूसरी तरकीबें आने लगीं। इस कारण पढ़ाई तथा दूसरी बातों में ध्यान कम होने लगा। उसका दिमाग रात-दिन इसी तरह काम करने लगा। घर पर और अधिक रोक-टोक और ताना-सहना—इस तरह दुश्चक्र शुरू हुआ।

सौभाग्य से उसी समय उसे 'ओएसिस' के शिविर में आने का अवसर मिला। किशोर ने कहा कि वह तो घर, शाला और ट्यूशन से दो दिन का छुटकारा पाने ही शिविर में आया था! परन्तु शिविर में वह अपनी भावनाएँ, स्वप्न आदि व्यक्त कर सका, इससे उसे अच्छा लगा। आत्महत्या का विचार घटने लगा और मेरे साथ बैठक में उसने मुझे वचन भी दिया कि अब वह ऐसी वाहियात बात का कभी विचार नहीं करेगा।

इस घटना से जुड़े हुए कुछ पहलुओं पर मैं प्रकाश डालना चाहता हूँ। क्योंकि मैं भी इस तरह की परिस्थिति से गुजर चुका हूँ, मेरे कितने ही मित्र गुजरे होंगे और भविष्य में अन्य कुछ मित्र गुजरेंगे भी। ऐसे समय में किशोर की घटना एक मार्गदर्शन का कार्य करे, यह मेरी नजर में खूब जरूरी है।

शारीरिक रूप से तन्दुरुस्त और मानसिक रूप से स्वस्थ युवक या युवती आत्महत्या का विचार स्वप्न में भी कैसे कर सकते हैं? आत्महत्या करके मृत्यु पाने से आप किसी को खुशी दे सकेंगे? या आप स्वयं खुशी से वह करेंगे? आत्महत्या ही कदाचित ऐसी भूल है, जिसका कोई प्रायश्चित नहीं हो सकता। अब मैं अत्यन्त दृढ़ता से ऐसा मानता हूँ कि हमारी एप्रोच हमारा अधिगम, इतना अधिक स्वस्थ होना चाहिए कि जो चाहे हो, हमें आत्महत्या का विचार भी न आए।

अरे, हम अपनी खुद की जिन्दगी को नहीं चाह सकते? कैसी अजीब बात है! एक कहावत है :

If you do not like yourself,
nobody else will.

कोई यह कहे कि, "मैं तो कितना कुरूप हूँ, दुखी हूँ, अकेला हूँ, मूर्ख हूँ, मुझे कौन प्रेम करेगा?" "जिसे कुरूप, अकेले, दुखी और मूर्ख व्यक्ति की तलाश होगी, वह तुझे प्रेम करेगा भाई!" हम स्वयं अपने बारे में हीन और निम्न स्तर की मान्यताएँ रखते हों, तो दूसरा कोई हमारे बारे में क्यों अच्छा सोचे? और हम जैसे भी हों, हमें खुश रहने से कौन रोकता है?!

आपने किसी दिन एकदम भोर में ओस भीगे और अपनी मस्ती में झूमते गुलाब के सुन्दर फूल को देखा है? कभी उस गुलाब के फूल को ध्यान से निरीक्षण करने का प्रयत्न करना! थोड़े समय पहले ही मैं हिमालय की तरफ गया था। वहाँ हमारे दोनों हाथों में भी न समा सकें, ऐसे गुलाब के फूल होते हैं! मैंने तो पहली बार देखा था! और मैं इतना खुश हो गया..!

जीवन्तता, खुद की जीवन्तता के बारे में सजगता और उस सजगता से आती खुशहाली—कितनी सुन्दर बात है! किसी सजीव वस्तु का एक ही गुण और ध्येय हो सकता है, और वह है विकसित होना! और इस धरती के किसी भी मनुष्य का विकास भूल किए बिना हो ही नहीं सकता। अभी तो मैं अच्छा काम कर रहा हूँ। परन्तु कल मुझसे कोई भूल हो जाए तो क्या मेरे मित्र मुझे क्षमा नहीं करेंगे? मैं माफी की आशा अवश्य रखूँगा, और मुझे विश्वास है कि मेरी आशा फलीभूत होगी ही। तो क्या मैं आपको आपकी किसी भूल के लिए माफ नहीं कर सकता? मैं नम्रतापूर्वक यह मानता हूँ कि मित्रों की किसी भी भूल को मैं स्वीकार

कर सकता हूँ, उन्हें माफ कर सकता हूँ, व्यक्तिगत रूप से उससे मेरी चाहे जितनी भी बड़ी हानि क्यों न हुई हो! हाँ, अपने विकास के लिए मनुष्य को अपनी भूल कबूल करना, उसके लिए पश्चाताप करना तथा उसमें से कुछ सीखना जरूरी है।

कवि 'बेफाम' कहते हैं :

पत्थरों को गढ़नेवाला हो कलाकार भले ही,
किन्तु मनुष्य को तो ठोकरों से गढ़ते हैं पत्थर।

(गुजराती से अनुवाद)

किसी को विश्वास न हो, फिर भी मैं एक चैलेंज देना चाहता हूँ; किसी के भी जीवन का कोई भी ऐसा क्षण बताइए, जिस परिस्थिति में मैं होऊँ तो खुश न रह सकूँ! भूल होना जीवन-यात्रा की एक सुन्दर पायदान है, जिस पर पैर रखकर दूसरी पायदान पर जाया जा सकता है। बस, इस बारे में मुझे आप सभी से इतना ही कहना है कि शायद आपकी भूल से दूसरा कोई खुश न हो, लोगों की ओर से आपको ताने मारे जाएँ, सम्भवतः आपको आपकी भूल के लिए कोसा जाए, फिर भी इतना याद रखिएगा। दुनिया में कम-से-कम एक व्यक्ति ऐसा है जिसे आपकी भूलों से खुशी मिल सकती है, क्योंकि भूल का अर्थ ही ऐसा होता है कि आपके पास विकसित होने का सुन्दर अवसर उपस्थित है। मेरे लिए कोई भी भूल बड़ी भूल नहीं है...बड़ी भूल मतलब एक बड़ा अवसर!

विचार करें—गुलाब का इतना छोटा-सा फूल! उस पर नजर पड़ते ही मेरे अस्तित्व में प्रसन्नता छा जाती है। वह हमेशा खुश रहता है और उसके सम्पर्क में आनेवाली हर संवेदना को भी प्रसन्नता प्रदान करता है।

मिस्र के उन लोगों की बातों के दो प्रश्नों का मर्म यह है—क्या हम खुश हैं? क्या हम दूसरों को खुशी प्रदान करते हैं? इन दोनों प्रश्नों का उत्तर सकारात्मक हो वैसी जिन्दगी हम क्यों जी नहीं सकते?

आत्महत्या की बात की ही है तो एक दूसरी बात भी कहने का मन हो रहा है। किस क्षण पर हमारी मृत्यु के हस्ताक्षर हुए होंगे वह हमें पता नहीं है, और हमें पता होनेवाला भी नहीं है। मृत्यु भविष्य के किसी भी पल पर लिखी गई हो सकती है, तो इस पल मैं खुश क्यों न रहूँ? और जीवन कभी भी किसी घटना या दुर्घटना पर रुक नहीं जाता! वह तो बहती नदी की भाँति निरन्तर बहता ही जाता है, बहता ही जाता है! नदी उछलती, कूदती, खुशियों का संगीत बिखेरती तब तक बहती रहती है जब तक वह किसी महासागर से न मिल जाए, स्वयं एक नदी है यह भी बिसरा दे और महासागर में एकाकार हो जाए!

बस इतनी बात समझ में आ जाए तो जीवन उत्सव बन जाए! जीवन का एक-एक क्षण मानो नृत्य कर रहा होता है! उत्साह से थिरकता होता है। आत्मसम्मान एवं आत्मज्ञान से छलकता होता है!

इसी भावना से मैं अपने समस्त भाई-बहनों को एक सन्देश देना चाहूँगा।

हम भूल करने से न डरें। प्रत्येक भूल से कुछ-न-कुछ सीखने का उत्साह दर्शाएँ और इस प्रक्रिया से गुजरते समय जीवन के प्रत्येक क्षण में आनन्द पाने और बाँटने का प्रयत्न करें!

ऐसा करने में ही मनुष्य की परिपक्वता निहित है।

विचारशीलता

मनुष्य के रूप में इस सृष्टि पर जन्म एक बहुमूल्य अवसर है, एक सुनहरा मौका है, जिसे कुछ कारणों से हम चूक जाते हैं। जिन्दगी की बात करते समय प्रथम चरण में अपनी अनुभूति के आधार पर मैं तीन महत्त्वपूर्ण जरूरी प्रभावों की बात करना चाहता हूँ। इन तीनों प्रभावों को समझने के लिए, उनका मेरे जीवन में आविर्भाव हो और मेरी जिन्दगी के साथ वे अधिकाधिक एकरूप होते जाएँ उसके लिए मैं निरन्तर प्रयत्नशील हूँ। मेरे हृदय की उन तीन बातों को बड़ी आशा से आपके समक्ष खोल रहा हूँ।

प्रथम अत्यन्त महत्त्वपूर्ण प्रभाव है—विचारशीलता।

मनुष्य अन्य सभी प्राणियों में सर्वोपरिता भोग रहा है, उसका कारण मनुष्य की विचार करने की शक्ति तथा सार-असार का विवेक ही है, यह सभी जानते हैं। फिर भी स्वीकार बहुत कम लोग करेंगे। जब हम भोजन करने बैठते हैं या किसी भव्य भोजन समारोह में जाते हैं तब यह समझदारी हवा हो जाती है! मैं दो प्रकार के लोगों को देखता हूँ और मुझे चिढ़ होती है। एक, चटक-मटक चीजें नहीं खानी चाहिए, यह मानने और समझने के बाद भी चटक-मटक खानेवाले व्यक्ति और दूसरे चटक-मटक खाने के समर्थन की दलीलबाजी में व्यस्त व्यक्ति।

विचारहीनता और विचारअन्धता की कोई सीमा भी है? जिस किसी खाद्य पदार्थ पर हर तरह का ही अत्याचार करने के बाद उसका

अचार बनता है। अधिकतर उसका सम्बन्ध जीभ के साथ ही होता है। ऐसे अनेक पदार्थ मेरे पेट और मेरे शरीर के लिए आवश्यक नहीं हैं, इस कारण वे मेरे लिए त्याज्य हैं। इतना तो मैं स्पष्ट रूप से विचार कर ही सकता हूँ और स्पष्टतापूर्वक निर्णय ले सकता हूँ। परन्तु ऐसा नहीं होता। मेनका को देखकर विश्वामित्र विचलित हों उसी तरह 'व्यंजनों' को देखकर अच्छे से अच्छा 'बुद्धिमान' व्यक्ति विचलित हो जाता है।

यह बात एकदम हलके में लेने जैसी नहीं है। कोई पिछड़ी हुई मानवभक्षी जाति मनुष्य का रक्त पिये, कोई नौकरीपेशा दिनभर चाय पर चाय या कॉफी अन्दर उड़ेलता रहे या कोई एकदम 'सुसंस्कृत' व्यक्ति शराब के पेग पर पेग चढ़ाए, तो इन सभी में तात्त्विक दृष्टि से मुझे कोई भेद नहीं लगता। अन्ततः तो विचारशीलता और आचारशीलता का अभाव ही है! इसके कारण तो हमारा सारा देश गर्त में जा रहा है।

दूसरी एक अत्यन्त रोचक मनोवैज्ञानिक बात कहता हूँ। जो व्यक्ति अपनी अन्तरात्मा को धोखा देकर कुछ गलत करने जाएगा, वह दूसरों को भी उसमें फँसाने का प्रयत्न करेगा! शराब का व्यसनी अपने आसपास रहनेवाले सभी लोगों को अपने खर्च पर शराब पिलाने की कोशिश करेगा, "अरे, पियो न यार! जिन्दगी दो घड़ी मजा करने के लिए है...!"

ऐसे में शराब पीने से स्पष्ट इनकार करके उससे दस फुट दूर रहने के लिए तीव्र निश्चयात्मकता और दृढ़ता की आवश्यकता होती है, आचारशीलता की भी जरूरत होती है!

अलबत्ता, बात अचार या शराब या अन्य वस्तुओं की है ही नहीं! छोटी-बड़ी हर चीज में विचारशीलता मनुष्य को उन्नति की ओर ले जाती है। 'अचार नहीं खाना चाहिए', यहीं पर विचारशीलता रुक नहीं जाती!

मेरे आहार में स्टार्च, प्रोटीन, वसा, विटामिन और मिनरल्स का सन्तुलन रहना चाहिए। इसलिए मैं तय करता हूँ कि आज भोजन में थोड़ा भात, दाल, ताजी हरी सब्जी, एक ताजा नींबू और मक्खन खाना है। फिर मैं उनको कोई यूँ ही नहीं खा लूँगा! मैं उन्हें अच्छी तरह पकाऊँगा, सुन्दर सजाऊँगा और ठाठ-बाट के साथ शान से खाऊँगा! गरमागरम उबले मूँग में मक्खन डालकर और जब यह मक्खन पिघलकर मूँग के साथ एकाकार हो गया हो तभी एकता और नम्रता का पवित्र-सन्देश देनेवाली इस घटना का आस्वाद करना, और इस आस्वाद के परिणामस्वरूप होनेवाले स्वास्थ्य-लाभ के स्वप्न देखना...! आहाहाहा...! आप समझते हैं न? हम आहार को मजे से, आनन्द लेकर खाने के विरोधी नहीं हैं।

खैर! मेरे कहने का तात्पर्य मात्र इतना ही है कि आहार जीवन के साथ जुड़ी हुई दैनन्दिन क्रिया है। उसके प्रति विचारशीलता विकसित करना, संयम, विवेक और समझदारीपूर्वक वैज्ञानिक रीति से आहार चुनना और चुने गए आहार का पूरे दिल से आनन्द उठाना—इस प्रक्रिया में मैं जीवन जीने का अत्यन्त महत्त्वपूर्ण सिद्धान्त देख रहा हूँ, और आप भी देख सकेंगे, ऐसी आशा रखता हूँ।

अभी भी, हालाँकि मुझे जो समझाना चाहिए वह समझा नहीं पा रहा हूँ, ऐसा मुझे गहराई से लग रहा है। अभी थोड़े और पहलुओं को स्पर्श करके सम्भवतः मैं अपनी इस बात से सम्बन्धित भावनाओं को और अधिक स्पष्ट कर सकूँगा।

विचारशीलता का वृक्ष भावनाओं की जमीन पर उगना चाहिए। विचारशीलता की यात्रा भावनाओं के बल से प्रेरित होनी चाहिए। विचारशीलता हमारे अहंकार को पुष्ट करने के लिए जड़ प्रक्रिया नहीं, चर्चा या वाद-विवाद में जीतने के लिए नहीं, बल्कि हमारी जीवन-चेतना को विकसित करने के लिए एक जीवन्त प्रक्रिया बनी रहनी चाहिए।

विचारशीलता के साथ-साथ उसमें कल्पना शक्ति मिलाना भी उतना ही आवश्यक है। इतनी बात आप हृदय से महसूस कर सकें तो मुझे बहुत खुशी होगी।

आपने छोटे बालक को कहानी सुनते देखा है? "फिर जाल में फँसे सिंह ने चूहे से कहा कि तू इतना छोटा-सा, भला, मेरी क्या मदद करेगा...!?" ऐसा सुनते समय बालक के मुख पर उभरे भावों को महसूस करने की कोशिश कीजिए। आपको उसमें से बाकायदा कुतूहल, विस्मय और आश्चर्य के भाव टपकते हुए देखने को मिलेंगे। हिमालय में विशाल गुलाब का फूल देखकर थोड़े क्षणों के लिए मुझे अपना बचपन वापस मिल गया था! कहानी कहते समय यह खयाल नहीं होता, परन्तु बालक के मनोक्षेत्र में सिंह और चूहा आपस में बातचीत करते होते हैं। फिर जब वह प्राणी-संग्रहालय में देखने जाता है तब सम्भव है कि वह 'सिंह और चूहा' कहानी वाले सिंह को ही खोजने का प्रयत्न कर रहा हो! बालक के उस समय के मनोभावों पर विचार करें तो मन में मधुर ईर्ष्या आती है या नहीं? हृदय पर हाथ रखकर सच-सच कहना!

ऐसा न मान लें कि बचपन बीत गया इसलिए अब वह विस्मय, वह निर्दोष कुतूहल, वह आश्चर्य भाव आ ही नहीं सकते! हमारी सृष्टि इतनी विशाल और अद्‌भुत है कि मनुष्य इसमें ढूँढ़ते-ढूँढ़ते थक जाए तो भी नवीनता एवं आश्चर्य खतम ही नहीं होते। मात्र हम उन्हें देखने की दृष्टि खो बैठते हैं। विचारशीलता से हमें वह दृष्टि पुनः प्राप्त हो सकती है।

और जिस मनुष्य में विचारशीलता, कल्पनाशक्ति और विस्मय के भाव अभी भी जीवित हैं, वह अवश्य विचार करेगा कि "मैं कौन हूँ? मनुष्य? ओ हो, कितना सुन्दर! कितनी सुन्दर है यह जिन्दगी! परन्तु थोड़े वर्षों बाद यह जिन्दगी तो पूरी हो ही जाएगी। चलो, मैं

ऐसा कुछ करूँ जिससे मेरे जाने के बाद भी मेरी सुगन्ध यहाँ पर रह जाए! मेरी खुशबू यहीं रहे। पर करूँ क्या? कुछ ऐसा करूँ कि जिसे देखकर और जिसे करते समय मेरा हृदय नाच उठे। मुझे खूब खुशी और सन्तोष हो! मुझे क्या अच्छा लगता है? कहूँ? पूरी पृथ्वी के सभी लोग खूब प्रेम से रहें, झगड़ा या भ्रष्टाचार अथवा बेईमानी या अन्याय जैसी खराब चीजें हो ही नहीं और सभी जगह बस खुशियों के फौव्वारे उड़ते हों, वैसा अच्छा लगता है। परन्तु मेरी समझ में यह नहीं आता कि लोग इस तरह क्यों नहीं करते? समाचार-पत्रों में कुछ अच्छा तो शायद ही लिखा आता है। हमेशा चोरी, हिंसा, लूटपाट, बदला, दुश्मनी...! यह सब क्या है? लोग इन सबसे ऊबते क्यों नहीं हैं? मुझे तो ऐसी चिढ़ आती है कि कुछ मत पूछिए। क्या मुझे ऐसी ही दुनिया में रहना है? क्या मुझे मेरे सपनों की दुनिया नहीं मिलेगी? बैठा रहूँगा तब तो नहीं ही मिलेगी न! परन्तु प्रयत्न करूँ तो कदाचित मिले भी, फिर पूरी दुनिया में खुशी के फौव्वारे न उड़ें तो कोई बात नहीं। एक व्यक्ति, थोड़े मित्र, एक गाँव, एक शहर...मैं अपनी पूरी शक्ति भर खुशी तो दूँ! और खुश होकर दूँ! पर मैं क्या करूँ? शुरुआत कहाँ से करूँ?..."

शुरुआत कहाँ से करूँ? का कोई एक निश्चित उत्तर नहीं हो सकता। उत्तर होना जरूरी है। उत्तर क्या है वह उतना महत्त्वपूर्ण नहीं है। एक प्यासे व्यक्ति की प्यास बुझानेवाले को पानी का प्याऊ खोलने का विचार अवश्य आएगा। और फिर कदाचित वह प्रेम की पूरी की पूरी गंगा न बहाये तो ही आश्चर्य हो!

परन्तु उसके लिए आँखें खुली रहनी जरूरी हैं! संवेदनाएँ होनी जरूरी हैं! विस्मय होने जरूरी हैं! कल्पनाशक्ति होनी जरूरी है! विचारशीलता होनी जरूरी है! आचारशीलता का होना जरूरी है! जिन्दगी का होना जरूरी है!

'खुमार' तिरमिजी कहते हैं :

समन्वय करो वाणी, विचार और आचरण में
फिर जो बनेगी जिन्दगी, होगी वह जिन्दगी जैसी।

(गुजराती से अनुवाद)

गोएथे के शब्दों में कहें तो :

To think is easy. To act is hard.
But the hardest thing in the world is
to act in accordance with your thinking.

निर्भयता

हमारे व्यक्तित्व के विकास के लिए उसके कई अलग-अलग पहलुओं को विकसित करना जरूरी है, कई गुणों का खिलाना जरूरी है। विचारशीलता की मदद से ही यह सम्भव है, उसे समझने का थोड़ा प्रयास करते हैं।

उदाहरण के तौर पर निर्भयता विकसित करने की इच्छा सबकी होती है। परन्तु निर्भयता कैसे सीखी जाए? मुझे इस समय सबसे बड़ा भय मृत्यु का है। इस भय को दूर करने का प्रयत्न मैं किस तरह कर सकता हूँ?

उपस्थित आप सभी को कभी अपने निकट सम्बन्धी की मृत्यु प्रसंग का अनुभव हुआ ही होगा। जिस घर में मृत्यु होती है उस घर में पहले तो सन्नाटा छा जाता है। वातावरण शोकमय हो जाता है। रोना आरम्भ होता है। मृतदेह को नहलाकर नये-स्वच्छ कपड़े पहनाए जाते हैं। धूप, अगरबत्ती तथा दूसरी धार्मिक विधियाँ की जाती हैं। सभी परिवारजन उपस्थित हो जाएँ उसके बाद मृतदेह को अरथी पर बाँधकर उसे श्मशान ले जाया जाता है। मनुष्य देह की इस अन्तिम यात्रा को 'श्मशान यात्रा' कहते हैं। श्मशान में मृतदेह को सूखी लकड़ियों के बीच रखकर 'राम नाम सत्य है' की पुकार के बीच आग लगाई जाती है। और इस तरह जो व्यक्ति कभी जीवित था, वह राख हो जाता है।

शोकग्रस्त और शोक का दिखावा करते रिश्तेदार, मित्रगण श्मशान से अलग हो अपने-अपने घर पहुँचकर उस व्यक्ति के नाम से नहा लेते हैं। यह अधिकांश व्यक्तियों के लिए घटना का अन्त है परन्तु संवेदनशील और विचारशील व्यक्तियों के लिए एक दूसरी ही घटना की शुरुआत होती है।

पलभर के लिए मान लें कि जिस शरीर की मृत्यु हुई उसकी आत्मा नहीं मरती। अपनी मृत्यु के बाद अपने शरीर के साथ होनेवाली सभी प्रक्रियाएँ देखती है। उसका शरीर जल रहा है उस समय श्मशान के एक कोने में बैठी आत्मा अपनी 'शारीरिक जिन्दगी' के बारे में विचार करे तो क्या सोचे!?

मेरी मृत्यु हो तो शायद मैं इस तरह का कुछ विचार करूँ –

"अहा! कितनी शान्ति लग रही है! एक बड़ी जफा से छूटा! वैसा देखा जाए तो जीने में मजा आया! परन्तु और अधिक अच्छी तरह से जिया जा सका होता। यदि कदम-कदम पर डरता न होता तो! अस्सी वर्ष जिया, उसके बजाय चालीस वर्ष जिया होता तो क्या फर्क पड़नेवाला था! आखिर तो भस्मीभूत ही होना था! पर कमबख्त, जब शरीर था तब समझ में नहीं आया! इस जलते शरीर को देखकर स्तब्ध होनेवाले मूर्ख, इतना भी नहीं समझते कि एक दिन उनका भी यही हाल होना है! हालाँकि मैं भी तो इन्हीं के जैसा मूर्ख ही था न!! खैर, जो होना था हो गया! अब दूसरे शरीर को खोजूँ तब बिलकुल निर्भयता से जीना है। परन्तु उस समय यह याद रहे तो अच्छा! और इस बार किसी 'समृद्ध' परिवार में नहीं जाना है; किसी सीधे-सादे परिवार में जाना है! बहुत 'शिक्षित' परिवार में जाते हैं तो भी त्रास हो जाता है! एक तो इतनी-सी जिन्दगी, उसमें भी करना कितना कुछ! फिर परिवार के मायाजाल में रहने में ही उतनी व्यय हो जाती है! यह सब तो ठीक है! पर सौ बात की एक बात, कि अबकी बार शारीरिक जिन्दगी में डर-डरकर जीना नहीं है!"

"जिन्दगी की लम्बाई बढ़ाने के प्रयास में, जिन्दगी को गहराई देना ही चूक जाएँ, यह कितने अचरज की बात है?! मैं जीवित था तब मैंने स्वामी विवेकानन्द के बारे में कितना सारा पढ़ा था! क्या मैने कभी ऐसा विचार भी किया कि स्वामी विवेकानन्द मात्र 39 वर्ष तक जिए थे?! स्वामी विवेकानन्द चालीस वर्ष भी पूरा न कर सके उसका महत्त्व नहीं है किन्तु वे चालीस वर्ष कितनी उत्कटतापूर्वक जी गए उसका महत्त्व है, उतना भी मैं जब जी रहा था तब समझ नहीं सका?..."

यह विचार-यात्रा बहुत लम्बी चल सकती है और उसके परिणामस्वरूप निर्भयता की दिशा में थोड़ा आगे अवश्य बढ़ा जा सकता है। ऐसे अनेक मार्ग हैं निर्भयता सीखने, विकसित करने के! परन्तु संवेदनशीलता और विचारशीलता हों तो ही!

लोग क्या कहेंगे

अभी कुछ महीनों पहले मैं एक स्वतंत्रंता सेनानी के यहाँ गया था। सहज बातचीत में उन्होंने एक अत्यन्त ही गम्भीर बात कह दी कि जिसे कहने के पीछे जिन्दगी का उनका गहन अभ्यास था! उन्होंने कहा कि आजकल मनुष्य की दिन-प्रतिदिन की जिन्दगी और उसमें लिए जानेवाले निर्णयों के पीछे प्रत्यक्ष या परोक्ष रूप से एक ही भावना काम कर रही है, और वह है, "लोग क्या कहेंगे?!"

इस दुनिया में समाज-व्यवस्था के बारे में दो तरह की विचारधारा वाले मनुष्य देखने को मिलते हैं। कोई कहता है कि व्यक्ति समाजपरक होना चाहिए और कोई कहता है कि समाज व्यक्तिपरक होना चाहिए।

मैं मानता हूँ कि समाज-व्यवस्था को टिकाए रखने के लिए कुछ नीति-नियम जरूरी हैं। व्यक्ति-निर्मित समाज में अराजकता तथा अन्धाधुन्धी न फैले उसके लिए प्रत्येक व्यक्ति को कुछ अनुशासन का पालन करना जरूरी है। पर जब इस अनुशासन को मानवता से भी ऊपर रखा जाता है तब मुझे चिढ़ होती है, और इसे छिपाने का विवेक सीखने के लिए मैं बिलकुल तैयार नहीं हूँ! मेरी जिन्दगी को दम्भ के मायाजाल में बदल सके ऐसी जहरीली भावना के विरुद्ध मैं सविनय विद्रोह करना चाहता हूँ।

"अपने बेटे को मुझे विज्ञान के विषय ही दिलवाने हैं, भले ही उसे कला के विषयों में अधिक रुचि क्यों न हो! कारण...? ताकि लोग

यह न कहें कि फलाने भाई तो इंजीनियर हैं पर देखो न उनका बेटा तो आर्ट्स में गया...! लोग क्या कहेंगे!"

"मेरी बेटी पचीस वर्ष की है। वह अत्यन्त संस्कारी है, मैंने उसका पालन-पोषण किया है! वह अन्य दूसरी सामान्य लड़कियों की अपेक्षा बहुत अच्छी तरह अपनी जिन्दगी जी रही है। यह भी मैं जानता हूँ। वह बहुत ही समझदार है, अपनी जिन्दगी के निर्णय स्वयं ले सकने वाली किसी कारणवश वह अभी विवाह करना नहीं चाहती परन्तु मैं उसकी जल्दी जल्दी कैसे भी करके शादी करवा देना चाहता हूँ। मुझे अपनी बेटी पर विश्वास है परन्तु जवान लड़की घर में अविवाहित हो तो लोग क्या कहेंगे?" धूल पड़े इस विश्वास में!

"बेटी कहती है, पापा हमें दहेज नहीं देना है। पर बेटी का पिता हूँ, मुझे कुछ तो करना ही पड़ेगा न! नहीं तो कल उठकर लड़केवाले कहेंगे ऐसा कैसा बाप! बेटी के साथ कुछ भी नहीं भिजवाया?" बहुत प्रेम है बेटी पर या उसे जिन्दा बेच डालने की पैरवी हो रही है! और कारण? "लोग क्या कहेंगे?"

पेट काटकर, कर्ज करके, डोनेशन के नाम से भ्रष्टाचार करके भी अपनी सन्तानों को शहर के सबसे प्रसिद्ध स्कूल में रखना। जरूरत हो या न हो, हजारों रुपये खर्च करके उन्हें ट्यूशनों में भेजना, फिर भले ट्यूशन में जाकर वह क्या करते हैं, यह जानने की दरकार भी न की जाए। सारी शादियों के मौके पर बेमन से, पर हाजिरी देने के लिए भी जाना। उसमें कितने रुपये का तिलक-व्यवहार करना, इसको तय करने के लिए आधे घंटे तक सामाजिक प्रसंगों के इतिहास के सन्दर्भों पर चर्चा-विचार करना। विवाह के भोजन समारोह में कम-से-कम अमुक व्यंजन तो होने ही चाहिए, वीडियो शूटिंग तो होनी ही चाहिए और सैकड़ों लोगों को निमंत्रण देना, जिससे "फलाँ के विवाह में तो इतने लोग आए थे...!!" ऐसा कह सकें और छाती गज-गज भर

फुला सकें। अपनी पत्नी या पुत्रवधू की प्रथम सगर्भावस्था के समय ढेर सारे व्यवहार करना। पुत्र-पुत्री के जन्म के समय व्यवहार करना, भले ताकत हो कि न हो। परिजनों की मृत्यु के बाद मातमपुरसी और उठावना रखना, समाचार-पत्रों में फोटो के साथ विज्ञापन देना। बारहवीं और तेरहवीं करना और पूरे गाँव को भोजन देना। वापस जब प्रथम पुण्यतिथि आए तो स्वजन को याद करने का विज्ञापन देना...यह सब इच्छा-अनिच्छा से, खींच-तान के, टूट के, चिढ़ के, तमाचा मारकर गाल लाल रखकर भी करना कारण?

"लोग क्या कहेंगे" की मन की गहराई में होती चिन्ता!

आपने घर बनाते हुए किसी परिवार को देखा ही होगा। घर बनाना या खरीदना, अन्दर फर्नीचर आदि वस्तुएँ सजाना, सुन्दर भीतचित्र टाँगना...कितनी मेहनत करके लोग अपना घर बनाते हैं! उन्हें देखकर हमें भी दो घड़ी तो ऐसा लगे, इन लोगों में कितना उत्साह है! फिर बात-बात में पति महोदय बोलेंगे, "हालाँकि यह घर बनाने में हमारा खर्च बहुत हो गया, पर कोई आए तो उसे लगना तो चाहिए न कि क्या घर बनाया है!"

अरे भगवान! कोई आए और कहे कि "क़्या घर बनाया है!" इसके लिए इतना खर्च! अरे भले आदमी, भगवान ने बुद्धि जैसा कुछ दिया है या नहीं?! अभी घर, थोड़े समय बाद गाड़ी! लोग आँखें फैलाकर कहें कि "इनके पास तो फलाँ कार है। लेटेस्ट मॉडल!" इसके लिए ही लाखों रुपये की कार खरीद लेना! खरीदने के बाद सहलाते रहना, जितनी चलानी पड़े उतना चलाना और उसके नाम पर कलह करते रहना!

What non-sence all this is!

बुद्धि को गिरवी रखने की बातें हैं कि नहीं?

लोग क्या कहेंगे! समाज का डर! "भाई हमें समाज में रहना है!" दूसरी जाति में संस्कारी युवक के साथ बेटी का ब्याह करेंगे तो समाज

क्या कहेगा? किस जमाने में जी रहे हो, यार! कोई आपको कालापानी की सजा देनेवाला नहीं है! आपको साग-सब्जी और दूध मिलनेवाला ही है!

आप जानते हो समाज क्या है?

Society is the name we have given
to our own fears.

हम डरपोक हैं। अपनी सच्चाई से हम जी नहीं सकते और उसके लिए नाम समाज का देते हैं। उसी समाज में दूसरे लोग अपने आदर्श/मूल्यों के अनुसार हिम्मत से जीते हैं, पर वह हमें दिखाई नहीं देता, या फिर 'शुतुरमुर्ग' की भाँति हम देखना नहीं चाहते।

"लोग क्या कहेंगे?" के भूत को अपनी जिन्दगी से एकदम दूर रखने की जरूरत है। एक मित्र के रूप में आप सबसे निवेदन करने का मेरा मन होता है कि मेहरबानी करके लोगों को दिखाने का दम्भ करने के लिए कुछ न करें! हमें अपनी जिन्दगी आत्मसन्तोष के लिए जीनी चाहिए। कभी ऐसा अवसर हो कि मानवता की सेवा हो सके, तब मान या समाज के डर से यदि हम वह अवसर चूक जाते हैं, तो इससे अधिक गम्भीर भूल जिन्दगी में दूसरी और क्या होगी?

किसी दूसरी जाति के व्यक्ति से मन मिल जाए, सच्चे प्रेम का पुष्प खिला हो और समस्त दुनिया विरोध करती हो तो भी उसके साथ ब्याह करना! उसके हाथ में हाथ डालकर समाज में खुलेआम घूमना! और वर्षों के सहवास के बाद खूब खुशियाँ प्राप्त करके मानवता के पक्ष में एक उदाहरण बनने से न चूकें! हाँ किन्तु विवाह की नींव में, रिश्ते की नींव में मात्र आकर्षण नहीं है, परन्तु प्रेम ही है, समझदारी ही है, परिपक्वता ही है यह निश्चित अवश्य कर लें!

मैं आपसे ऐसा कह रहा हूँ। इससे मेरी विद्रोह वृत्ति प्रकट हो रही है, आखिरकार युवक हूँ न! मित्रो, केवल इतना ही कहने का मन हो रहा है, "छोड़ो यार! हम चाहे जो भी करेंगे, लोग कुछ-न-कुछ तो बोलेंगे

ही। Forget it." हम जो कर रहे हैं, वह अगर हमें सही लगता है तो चाहे जितना भी संघर्ष करना पड़े, Let's just do it! लोग थोड़े समय के बाद थकेंगे ही, और सब भूल जाएँगे। क्योंकि लोगों के खुद के बताने के दाँत और खाने के दाँत अलग हैं! डरपोक लोगों और डरपोक समाज से क्या डरना? और हमें किसी का सहारा हो या न हो, अपना सहारा तो है न! मैं व्यक्तिगत रूप से इतना वचन देता हूँ कि मुझसे जितना बन पड़ेगा उतना सब अवश्य ही करूँगा, यदि मेरे थोड़े मित्रों की जिन्दगी भी दम्भ का मायाजाल बनने से बच सके तो!

ईमानदारी

हमने 'विचारशीलता' और 'निर्भयता' / 'लोग क्या कहेंगे'—इन दो प्रभावों को समझने का थोड़ा प्रयत्न किया। तीसरा और आखिरी प्रभाव जिसकी बात अपने निदर्शन के प्रथम चरण में करना चाहता हूँ, वह है—'ईमानदारी।'

मनुष्य जन्म एक बहुमूल्य अवसर है, यह बात मैंने की थी। इस स्वर्णिम अवसर को यदि सार्थक करना हो तो मनुष्य को कुछ मूलभूत तत्त्वों को समझना जरूरी है। इन तत्त्वों को समझने के बाद उनके अनुसार जीने की शुरुआत की जाए तो ही जिन्दगी 'संघर्ष' नामक दूसरे चरण में पहुँच सकती है। परन्तु इन तीन प्रभावों की यदि अवहेलना की जाए अथवा इनके साथ थोड़ी-सी भी छूट ली जाए तो इस बात की पूरी सम्भावना है कि मानव यह बहुमूल्य अवसर खो दे। इसलिए आज के निदर्शन में मैं ईमानदारी की बात इसी समय कर रहा हूँ, अन्तिम चरण या बीच के चरण में नहीं, इसके पीछे मेरी इस तरह की विचारधारा जुड़ी है, मेरी विनती है उसे समझने का प्रयत्न सभी लोग करें।

'ईमानदारी' सम्भवतः जीवन का एक ऐसा तत्त्व है, जो अत्यन्त महत्त्वपूर्ण होने के बावजूद वर्तमान समय में अपने जीवन में उसका सम्पूर्ण आविर्भाव हमें लगभग असम्भव लगता है। परिस्थिति इतनी अधिक गम्भीर है कि ईमानदारीपूर्वक अपना जीवन जीनेवालों को लोग 'मूर्ख' कहने से जरा भी संकोच नहीं करते और समय के प्रवाह के

साथ व्यक्ति को भी अपना ईमानदारी वाला आचरण मूर्खतापूर्ण लगने लगता है! ऐसी परिस्थिति में प्रत्येक मनुष्य के लिए ईमानदारी एक बड़ा प्रश्नचिह्न बन जाती है।

पिछले तीन वर्षों के दरम्यान मैं कितने ही ऐसे व्यक्तियों और परिस्थितियों के सम्पर्क में आया हूँ, जिनके कारण किसी भी सामान्य व्यक्ति को ईमानदार बनने के प्रति अरुचि उत्पन्न हो।

कोई भी सरकारी अधिकारी ईमानदारी से अपना कर्तव्य निभाने की कोशिश करे तो उसकी बदली हो जाती है, यह बात बिलकुल खुली-जाहिर है। एक मध्यम परिवार का व्यक्ति ईमानदारी का आचरण करे तो उसका जीवन-निर्वाह भी कठिन हो जाता है, जबकि उसके साथ के सभी सहकर्मी खूब पैसे बनाकर कितनी सारी समृद्धि और भौतिक सुख-सुविधा हासिल कर लेते हैं! ईमानदारी से पढ़ाई करनेवाला विद्यार्थी पिछड़ता रहता हैं और चोरी तथा भ्रष्टाचार का सहारा लेनेवाले विद्यार्थी पर लगता है मानो आधुनिक सरस्वती देवी (परिणाम देवी!) रीझ रही हों। किसी कंगाल व्यक्ति के साथ दुर्घटना हो गई हो और कोई ईमानदार व्यक्ति मानवता से प्रेरित होकर उसको मदद करने का प्रयास करे तो पुलिस उसे ही परेशान करती है। उसकी कद्र की बात तो दूर रह गई! ईमानदारी से लोगों की सेवा करनेवाले व्यक्ति को नहीं, पर अधिकतर सफेद पोशाक में घूमनेवाले बदमाश लोगों को ही लोग अपना प्रतिनिधि चुनते हैं। ईमानदारी से स्वतंत्र व्यवसाय करनेवाले व्यक्ति को थोड़े समय के बाद धन्धा बन्द करने की नौबत आती है। बेईमानी का आचरण करनेवाला ऐशोआराम की जिन्दगी जीता है, जबकि ईमानदारी का आचरण करनेवाले व्यक्ति के लिए सुख, सन्तोष और शान्ति मृगतृष्णा जैसी बन जाती है। ईमानदारी से ही जीवन जीने के लिए प्रयत्नशील व्यक्ति के नसीब में संघर्ष के सिवाय और कुछ नहीं होता! वर्षों तक ऐसा संघर्ष अनुभव करने के बाद मनुष्य डगमगाने लगता है, अपनी

संवेदनशीलता खो बैठता है और ईमानदारी में विश्वास खो देता है। यह प्रक्रिया एकदम स्वाभाविक है और इस प्रक्रिया से जिन्हें गुजरना पड़ा है उनके प्रति मेरे मन में पूरी सहानुभूति है। उनके द्वारा किए गए संघर्ष के प्रति किसी भी व्यक्ति में आदर पैदा होगा ही।

इतनी स्पष्टता के बाद अत्यन्त विनम्रतापूर्वक, अपनी सीमाओं को समझकर मैं इस बारे में अपने हृदय की कुछ भावनाएँ व्यक्त करना चाहता हूँ। जब आकाश फटा हो, उस समय पैबन्द लगाने का मरणांतक प्रयास करनेवाले एक आशावादी पागल युवक जैसी मेरी यह हरकत है। पर क्या करूँ? अपने आत्मसन्तोष के लिए यह कहना मुझे जरूरी लगता है। अतः यदि किसी भी व्यक्ति को मेरे विचार काल्पनिक लगे तो मेहरबानी कर माफ करें।

ईमानदारी विकसित करने का प्रयत्न करनेवाला व्यक्ति उस प्रक्रिया से गुजरते हुए हताश क्यों हो जाता है, हार क्यों जाता है, थक क्यों जाता है? इसके कारण खोजने की कोशिश में मुझे मात्र एक ही कारण प्राप्त होता है। ईमानदारी क्यों विकसित करनी चाहिए, ईमानदारी विकसित करने के पीछे खुद का उद्देश्य क्या है? खुद का ध्येय क्या है? इस बारे में ही वह व्यक्ति स्पष्ट नहीं होता। बस यही कारण उसे अन्ततः हताशा एवं हार की ओर ले जाता है।

जरा समझने की कोशिश कीजिए। मैं समझता हूँ, मानता हूँ कि मुझे ईमानदार बनना चाहिए। परन्तु साथ ही मुझे खूब पैसे भी बनाने हैं, खूब ख्याति चाहिए, उच्च पद चाहिए, पैर पर पैर चढ़ाकर बैठे रहनेवाला ऐसा ऐशोआराम चाहिए। परिणामस्वरूप जब यह सब नहीं मिलता तब ईमानदार बनने का सारा उत्साह घटने लगता है! धीरे-धीरे मैं बेईमानी के रास्ते पर जाने की शुरुआत करता हूँ। That is all.

मनुष्य को ईमानदार बनना होता है, पर साथ ही सूखी रोटी नहीं चाहिए होती, बत्तीस पकवानों की तमन्ना हमेशा रहती है! झोपड़ी में

रहने को वह तैयार नहीं होता, महल में रहने की अभिलाषा होती है, और फिर भी ईमानदार बनना होता है।

कोई ऐसा पूछ सकता है, "ईमानदार व्यक्ति को पैसा क्यों नहीं मिलना चाहिए? यदि वह सही राह पर हो तो...!" ऐसे प्रश्न के उत्तर में मेरा एक प्रतिप्रश्न है, "ईमानदार मनुष्य को ईमानदारी विकसित करने और पैसा अथवा नाम-यश के बीच सम्बन्ध ही क्यों बनाना चाहिए?" इससे अधिक अच्छा उत्तर इस समय मेरे पास नहीं है।

ईमानदार बनने के प्रयत्न की शाबाशी के रूप में सूखी रोटी मिल सकती है। मैं इस वास्तविकता को स्वीकार करता हूँ, परन्तु साथ-साथ यह भी कहना चाहता हूँ कि सूखी रोटी भी एक बार शरमा जाए, इतने खुमारी और आनन्द के साथ जो सूखी रोटी खा सके, वही व्यक्ति ईमानदारी को विकसित कर सकता है, पचा सकता है! मकरन्द दवे कहते हैं :

सत्य के पक्ष में रहकर करते हुए संघर्ष
हमें पलभर भी नहीं हटना है पीछे,
संकटो, दुःखों, पधारिए! सुस्वागतम्!
रंचमात्र इस मार्ग से नहीं होना है विचलित।
प्राण मेरे, बढ़ो आगे तुम अकेले।
आज बोलो, 'नहीं, अब डरना नहीं है।'
नींद कहाँ है? चैन कहाँ है?
दम्भ के दंगलों को बिना तोड़े शान्त बैठना नहीं है,
सत्य के साथ रहके पराजय हो भले
फिर भी अब वापस लौटना नहीं है।

(गुजराती से अनुवाद)

बस, इतना उत्साह न हो, इतनी स्पष्टता न हो, तो ईमानदारी के शुद्ध स्वरूप को हाथ लगाने की कोशिश भी नहीं करनी चाहिए, अन्यथा जल

जाएँगे! यदि फिनिक्स पक्षी की भाँति राख में से पुनः नवसर्जन करने का पागल मिजाज अपने पास न हो, तो ईमानदारी के समीप जाने की भी कोशिश न करें, अन्यथा अवश्य ही पछताना पड़ेगा।

एक निजी बात कहूँ? पिछले एक वर्ष से मैं स्वतंत्र व्यवसाय विकसित करने का प्रयत्न कर रहा हूँ। बेईमान बनने के लिए मेरे पास अनेक प्रलोभन आए हैं और आ रहे हैं। अभी तक मैंने अपनी ईमानदारी खोई नहीं है और उसके परिणामस्वरूप मैंने सहन भी किया है। मैं रातोंरात लखपति हो सकता हूँ—अतिश्योक्ति नहीं कर रहा! परन्तु उस तरह से मैं कदापि धनवान नहीं बननेवाला। ऐसा लखपति बनने की कोई जरूरत भी नहीं है, यह भी भली-भाँति समझ में आ गया है। परन्तु मैं तो बनिये का बेटा हूँ! ऐसा नहीं हूँ कि बिना फायदे के कुछ भी करूँ। आप पूछेंगे कि, "लखपति बन सके ऐसा होने पर भी एक-एक पैसे के लिए इतना संघर्ष करना पड़े, ऐसा करने से फायदा क्या हुआ?" इस प्रश्न का उत्तर देना मैं अपना सौभाग्य समझता हूँ। It is my joy to answer this question.

इस समय इस हॉल में इतने लोग उपस्थित रहकर इतने प्रेम और आदर से एक 28 वर्षीय युवक की बात सुन रहे हैं, इतनी तन्मयता से सुन रहे हैं कि अच्छे-अच्छे प्रतापी सम्राटों को भी ईर्ष्या हो! मेरे इतने सुन्दर मित्रगण, इनके प्रत्युत्तर, ओएसिस का इतना सुन्दर विशाल परिवार, इतने सुन्दर स्वप्न, इतने सुन्दर संघर्ष और इतनी सुन्दर जिन्दगी! मात्र तीन वर्ष के अल्पकाल में इतना स्वाद तो जिसके मुँह लगा हो उसी को पता चले! तेन्दू की गिलहरी शक्कर का स्वाद क्या जाने? किसी महलों में रहनेवाले व्यक्ति या किसी बड़े राजनेता की आवाज में इतनी बुलन्दी आपको देखने को नहीं मिलेगी!

आपको इसमें आत्मश्लाघा या अभिमान लगे तो क्षमा करें। परन्तु मैं यह सब अपनी प्रशंसा करने के लिए नहीं कह रहा हूँ। मुझे जो मिल

रहा है उसे गौरव के साथ नम्रतापूर्वक स्वीकार करता हूँ। परन्तु उसका विज्ञापन इसलिए कर रहा हूँ कि यह ईमानदारी का विज्ञापन है! ईमानदारी विकसित करने के पीछे मेरा संघर्ष और मेरी उपलब्धि दोनों आप देख सकते हैं। आपको 'ईमानदारी' शब्द की सुन्दरता समझ में आए, इसलिए यह सब कह रहा हूँ। इसी कारण मैंने आरम्भ में ही भाषण, उपदेश और निदर्शन के बीच का अन्तर स्पष्ट किया था।

साथ में एक राज की बात भी बता दूँ। ईमानदार बनने का अर्थ लल्लू-बुद्धू बनना या 'मूर्ख' बनना हरगिज नहीं होता। ईमानदार बनने के इच्छुक व्यक्ति को खूब चतुर, खूब चालाक बनना पड़ता है और खूब कुशलतापूर्वक, खूब सोच-समझकर अपने सारे काम करने पड़ते हैं, ऐसा करने में कुछ भी गलत नहीं है। An honest person has to become very smart because that is the requirement of modern time.

मनुष्य होने के नाते कभी हताशा के पल भी आएँगे, परन्तु सच्ची दृढ़ता होगी, निश्चयात्मकता होगी, उद्देश्य के बारे में स्पष्टता होगी, खुमारी होगा, कुछ नया सीखने का उत्साह होगा तो हृदय को अवश्य अधिक-से-अधिक संघर्ष करने की शक्ति मिलेगी।

हिमालय और जिन्दगी

अभी कुछ दिन पहले ही मैं कौसानी गया था। नैनीताल से थोड़ा उत्तर दिशा में स्थित एक रमणीय स्थल है। हिमालय यहाँ से लगभग 125 किमी. दूर है, परन्तु कौसानी की विशेषता यह है कि यहाँ से हिमालय के सभी अद्‌भुत शिखरों की पूरी श्रृंखला दिखाई देती है। महात्मा गांधी जी केवल दो दिन बिताने कौसानी गए थे, परन्तु यह स्थान उन्हें इतना अधिक पसन्द आया कि फिर उन्होंने यहाँ लगभग चौदह दिनों तक रुकना पसन्द किया! इसी जगह पर गांधी जी ने गीता पर अपनी लघु पुस्तिका 'अनासक्ति योग' लिखी थी। उनकी याद में यहाँ 'अनासक्ति आश्रम' स्थापित हुआ है।

मेरी बदनसीबी कि जिस ऋतु में वहाँ गया था उस ऋतु में वहाँ से हिमालय के शिखर स्पष्ट रूप से नहीं देखे जा सकते थे। ग्रीष्म में गरमी तथा दूसरे कारणों से जंगल में दावानल लगता है और आग के धुएँ के कारण वातावरण प्रदूषित हो जाता है। प्रदूषण के कारण दूर तक दिखाई देने की सम्भावना बहुत ही कम हो जाती है। इसी कारण मुझे ऐसा जानने को मिला कि मैं कौसानी से हिमालय के शिखर देख नहीं पाऊँगा। और मैंने मन को मना भी लिया, जैसे मनपसन्द जिन्दगी न मिलने पर जिस तरह हम प्रयत्न किए बिना समाधान कर लेते हैं!

कौसानी में अपने पाँच दिन के निवास दरम्यान दूसरे दिन ढलती साँझ में मेरी भेंट कोलकाता के एक मैनेजर से हुई। प्रकृति-

प्रेमी, हिमालय-प्रेमी व्यक्ति थे! बात-बात में उन्होंने मुझसे कहा कि आप हिमालय तक आकर भी हिमालय देखे बिना लौट जाएँगे?! (जन्म लेकर जिन्दगी का रस लूटे बिना चले जाओगे?!) इस बात ने मुझे एकदम झकझोर दिया और मैंने शान्ति से एक जगह रहकर आत्ममन्थन करने की बात स्थगित कर दी। दूसरे ही दिन भोर में बैग-बिस्तर लेकर हिमालय की दिशा में जा रही पहली बस में चढ़ बैठा! हिमालय देखने की, हिमालय की झाँकी की, हिमालय के एक बार दर्शन की मुझे अत्यन्त ललक थी।

जैसे ही बस ने कौसानी छोड़ा मैंने अपने पास की मार्गदर्शक पुस्तिका और नक्शा बाहर निकाला और खोजने की अपनी कोशिश शुरू की हिमालय कैसे पहुँच सकूँ! मेरी कोशिश इतनी प्रबल थी कि बस में बैठे हुए सभी सहप्रवासी भी उस कोशिश में शामिल हो गए। मेरे पास तीन दिन थे। इन तीन दिनों में हिमालय देखकर, मन भरकर निहारकर लौट आना था! वहाँ के निवासियों के साथ चर्चा करने पर धीरे-धीरे दृश्य मेरी दृष्टि के समक्ष स्पष्ट होने लगा। मेरी कमियाँ मुझे दिखाई देने लगीं।

बस से जहाँ तक जाया जा सकता है वहाँ पहुँचकर आगे तीन दिन पैदल चलूँ तो हिमालय की गोद में पहुँच सकता हूँ। लौटने के लिए तीन दिन अलग! मेरे पास स्वेटर भी न था, अच्छा ट्रैकिंग जूता भी नहीं था। बर्फबारी का मेरे पास कोई हल न था! मैं अकेला था, अनजाने लोग और अपरिचित इलाका! मेरे पास मेरा मित्र दिशादर्शक यंत्र भी नहीं था। इन सभी बाधाओं से तो हिमालय जाना लगभग असम्भव लगने लगा था। मैं अपनी हार स्वीकार करने को तैयार न था! इतनी दूर तक पहुँचकर हिमालय की एक झलक न देख पाने की सम्भावना ही मुझे हताश कर दे रही थी। ऐसा भी न था कि अन्त तक कोई वाहन जा सके। हिमालय के निकट के अनजान

प्रदेश में दिन और रात लगातार चला भी नहीं जा सकता न? इस बार के प्रवास में हिमालय नहीं देख पाऊँगा—यह स्वीकार करने में बहुत देर लगी!

बस में लगभग तीन घंटे चुपचाप बैठा रहा, बेचैनी बढ़ रही थी, हार मानना बहुत तकलीफदेह था। तीन घंटे तक मन को बहुत समझाके मन को मनाया, और फिर दुबारा अच्छी तरह तैयार होकर, पर्याप्त समय लेकर आने का निश्चय किया।

वैसे तो कौसानी यहाँ से लगभग सौ किमी ही था, पर पहाड़ और दर्रे होने की वजह से बस की यात्रा पूरे दिन भर की थी। बस का अन्तिम स्टेशन कुछ किमी दूर था। सूर्यास्त होने में थोड़ी देर थी अभी। मैं विचार करता हुआ शान्ति से बैठा था। उस समय ही मेरे पास में बैठे एक सज्जन ने मुझे बाकायदा झकझोर कर कहा, "देखो, उधर हिमालय दिख रहा है!" मैं चमक गया! एक क्षण तो पता ही नहीं चला कि वे क्या बोल रहे हैं। पता चलते ही सिर ऊँचा करके उस सज्जन की उँगली की दिशा में देखने की कोशिश की!

And there it was!

हिमालय! स्पष्ट, उन्नत, श्वेत, पर्वताधिराज महाराजा हिमालय का एक शिखर दिखाई दे रहा था! जब मैंने हिमालय देख सकने की उम्मीद एकदम छोड़ दी थी, तब मुझे हिमालय का दर्शन हो रहा था!

जिस गाँव में मेरा पड़ाव था, वह गाँव आ गया। सूर्यास्त होने की तैयारी थी। पाँच मिनट में मैंने होटल खोज लिया। कमरे में सामान फेंका, कमरे को ताला लगाया और पागल की भाँति उत्तर दिशा की तरफ दौड़ा! गाँव से बाहर दो पहाड़ों के बीच की जरा-सी खुली जगह पर हिमालय का एक शिखर सूर्य की अन्तिम किरणों में नहा रहा था! मैं सड़क के माइलस्टोन पर बैठ गया और हिमालय के दृश्य का जैसे पान करने लगा।

इस तरह लगभग पन्द्रह मिनट हिमालय के सान्निध्य में बिताया, उस दौरान मेरे मन में जो-जो भावनाएँ आईं उन्हें मैं आप सबको कह देना चाहता हूँ।

हिमालय के दर्शन से ही मन में इतनी शान्ति मिलती है! हिमालय पर दृष्टि पड़ते ही मेरे मन में अमुक प्रेरणाओं का सिंचन होने लगता है। वह भारतीय संस्कृति का प्रतीक है! वह भारत की समृद्धि का रहस्य है! वह भारतीय प्रजा का लालन-पालन, पोषण एवं रक्षण करता है। उसका श्वेत रंग मानो सदैव सुख-शान्ति का सन्देश फैलाता रहता है। उसका सान्निध्य मात्र शरीर को ही नहीं मन को भी शीतलता प्रदान करता है! उसकी बुलन्दी देखकर मानव की संकीर्णता पलभर में झड़ जाती है, मनुष्य में तुरन्त किसी अनोखे आत्मविश्वास का संचार होता है! उसके पिघलने से उसके हृदय से जो धारा निकलती है उसे भारतीयों ने 'गंगा' नाम दिया है और 'गंगा' शब्द मानो 'पवित्रता' का पर्याय बन गया है!

इतनी बुलन्दी! इतनी शान्ति! इतना सन्तोष! इतना आत्मविश्वास! इतना उत्साह! इतनी खुमारी! इतनी महानता! इतनी उदारता! इतनी निर्भयता!...क्या हिमालय जिन्दगी का प्रतीक नहीं है?

उस दिन मैंने कितना अधिक सीखा और कितनी अधिक प्रेरणा पाई!

जन्म लिया है तो जिन्दगी क्यों न जिएँ? कभी भी, कदापि निराश न हों। ध्येय होगा तो उस ध्येय की प्राप्ति के लिए संघर्ष करूँगा न? और यदि संघर्ष करूँ, कभी आशा न छोड़ूँ, प्रयत्न करता रहूँ, तो फल मिलनेवाला ही है! कभी-कभी परिणाम आशा के अनुरूप न मिला हो बल्कि अप्रत्याशित और अनपेक्षित भी हो। और सबसे महत्त्वपूर्ण बात तो यह है कि जो मजा ध्येय प्राप्त करने में था, उतना ही ध्येय हासिल करने के प्रयत्नों में भी था या नहीं?

दोस्तो, मरने के बाद भी जिन्दा रहें उसका नाम सच्ची जिन्दगी!

जिन्दगी की यही सच्ची प्रतिध्वनि है, गनी,
हो न व्यक्ति, फिर भी नाम उसका गूँजता रहे।

—गनी दहीवाला

(गुजराती से अनुवाद)

सूर्यास्त के बाद अँधेरा छा जाने पर मैंने जब उस गाँव की ओर धीरे-धीरे आना शुरू किया, तब मेरे कदमों में एक नया आत्मविश्वास छलक रहा था। मानो मुझे पुनः जिन्दगी का स्पर्श प्राप्त हो गया था और प्रत्येक कदम के साथ मेरे अस्तित्व के अणु-अणु पुकार रहे थे...

नहीं चलने देगा वह अँधेर ऐसा
नये मनुष्य का जनम हो चुका है...!

(गुजराती से अनुवाद)

संघर्ष

जिन्दगी को करीब से देखो

मनुष्य के रूप में इस पृथ्वी पर हुआ जन्म यह हमारा बहुत बड़ा सौभाग्य है। मेरे लिए तो मैं मनुष्य हूँ यही एक अद्‌भुत और रोमांचक अनुभव है! परन्तु साथ-साथ ही मनुष्य का सबसे बड़ा दुर्भाग्य क्या है, जानते हैं?

मनुष्य 'मनुष्य' ही है, 'भगवान' नहीं है, वह उसका कदाचित् सबसे बड़ा दुर्भाग्य है। वह अपना चाहा हुआ सब कुछ नहीं कर सकता, अपनी समस्त इच्छाएँ तृप्त नहीं कर सकता, अपनी मनमानी नहीं कर सकता इस कारण अनेक बार वह बैचेन, व्याकुल हो जाता है। और इसी कारण वह अनेक बार हताश या निराश भी हो जाता है। यह प्रत्यक्ष दुर्भाग्य एक आशीर्वाद में बदल सकता है यदि इस बैचेनी और व्याकुलता से कुछ सीखने की उसकी कुछ तैयारी हो तो!

यह मैं जानता हूँ कि मैं जो इस समय कह रहा हूँ वास्तव में आप उसे समझ नहीं रहे हैं। इस बात को मैं व्यक्तिगत रीति से समझाने का प्रयत्न कर रहा हूँ और मेरे लिए यह अत्यन्त महत्त्वपूर्ण है, इसी कारण मेरी अब तक विकसित हुई समझदारी में आप सबको सहभागी बनाना चाहता हूँ।

मैंने आपसे जिन्दगी के मूलभूत तत्त्वों : विचारशीलता, निर्भयता, ईमानदारी इत्यादि की बात की। जिस क्षण मनुष्य इन तत्त्वों को आत्मसात करके अपनी जिन्दगी को सही ढंग से जीने का प्रयास

आरम्भ करता है, उसी क्षण से उसके जीवन में संघर्षों की शुरुआत अवश्य हो जाती है। एक छोटा-सा उदाहरण दूँगा तो आप उस बात को तुरन्त समझ सकेंगे।

मान लें कि एक व्यापारी मिलावट और दूसरे अनेक घपले करके अपना व्यवसाय चला रहा है। उसे मन से लगता है कि आज के जमाने में यदि धन्धा करना हो तो, धन्धा इसी ढंग से हो सकता है! उसे अपने परिवारजनों के प्रति खूब माया, खूब लगाव हो, वह स्वाभाविक है। मान लो कि उसका बीस वर्ष का बेटा खूब आज्ञाकारी है। पिता के प्रति उसे खूब प्रेम है, खूब आदर है। इस कारण वह पिता की बात का उल्लंघन नहीं करता। धीरे-धीरे पिता उसे अपने व्यवसाय के गुर सिखाना शुरू करता है, उस दौरान अचानक बेटे की समझ में आता है कि यह सब तो गलत है। ऐसा गलत काम मुझसे कैसे हो सकता है? पाठशाला में मिले संस्कार तथा पुस्तकों से प्राप्त आदर्शवाद के कारण वह तय करता है कि मिलावट या अन्य कोई घपला करके मैं व्यवसाय हरगिज नहीं करूँगा। यह निर्णय लेने में विचारशीलता, ईमानदारी और हिम्मत, इन तीनों पहलुओं ने भूमिका निभाई।

और जिस क्षण वह यह निर्णय लेता है उसी क्षण से उसके जीवन में संघर्ष प्रारम्भ होता है। सर्वप्रथम वह आन्तरिक संघर्ष अनुभव करेगा। आज तक उसने पिता के किसी वचन को पलटा नहीं है। पिता के प्रति प्रेम तो है ही! सबसे पहले तो पिता से बात कहनी हो तो कैसे कहना होगा? इस बात के लिए भारी मनोसंघर्ष से गुजरता है।

यह तो अभी शुरुआत है! जैसे ही वह पहली बार अपनी भावना, अपने विचार और अपनी इच्छा पिता से कहेगा उसी पल से बाह्य संघर्ष की शुरुआत हो जाएगी! इस प्रक्रिया के अन्त में ऐसी स्थिति भी सम्भव है कि उसे घर से बाहर निकल जाना पड़े! पिता के परम्परागत व्यवसाय को वह उसी रूप में आगे ले जाने से इनकार

करे, पिता के सामने तर्क करे (वह पिता जिसने कितने जतन से बीस वर्ष तक उसका पालन-पोषण किया है।) उसका परिणाम क्या हो सकता है? आप सभी संवेदनशील हैं ही, इसलिए इस 'जिन्दगी के जन्म' और 'संघर्ष की शुरुआत' की बात जरा अधिक कल्पनाशक्ति का उपयोग करके, गहराई से विचार करके करेंगे तो अवश्य ही महसूस कर सकेंगे।

इतनी भूमिका के बाद मैं मूल बात पर आ जाता हूँ।

मिलावट तथा अन्य दुष्कृत्य करके व्यवसाय करना पसन्द करनेवाला पिता ज़ब अपने पुत्र पर भी वैसा ही करने के लिए दबाव डालता है, तब पिता यह भूल जाता है कि वह एक तुच्छ मनुष्य मात्र है, भगवान नहीं। एक मनुष्य, दूसरे वयस्क, परिपक्व और स्वतंत्र रूप से विचार करने की शक्ति रखनेवाले मनुष्य पर जिन्दगी भर जबरदस्ती से अपनी मान्यताएँ थोपने जाता है, उस समय वह मनुष्य अपनी मानवसहज मर्यादाओं का उल्लंघन करता है और भगवान बन बैठने का भयंकर अपराध कर बैठता है! और प्रकृति का नियम यह है कि इस अपराध की सजा उसे इसी जन्म में अवश्य भोगनी पड़ेगी। इस नियम को समझना कठिन नहीं है। इस जन्म में वह पिता यदि इसी एप्रोच, अधिगम से चलेगा तो उसे अपने पुत्र का सच्चा प्रेम और आदर तथा उससे होनेवाले परम सन्तोष का अनुभव वह नहीं कर पाएगा। वह पिता अत्यन्त व्याकुल होगा, खूब दुःख भोगेगा, खूब दुखी होगा, खूब कलपेगा और खूब बिलखेगा। परन्तु इसकी जवाबदेही मात्र उसकी, केवल उसकी ही रहेगी। क्या यह प्रकृति का नियम नहीं है?

प्रकृति के नियम को समझने के लिए केवल आँख और मन को खुला रखने की जरूरत है। यह तो मैंने आपसे एक काल्पनिक बात की। एक सत्य घटना कह दूँ ताकि प्रकृति के नियम की बात आपके मर्मस्थल तक पहुँच जाए!

इसी हॉल में मेरी एक प्यारी मित्र बैठी है। उसे प्रेम, जिन्दगी और मित्रता के बारे में सीखना बहुत पसन्द है। वह लड़की बहुत भावुक है। अत्यन्त भोली और निर्दोष है, परन्तु साथ ही निष्ठावान भी है। दो वर्ष पहले उसने 'ओएसिस' में आना आरम्भ किया और संघर्ष की शुरुआत हुई। अधिकांश परिजन संकुचित दृष्टिकोण वाले होने के कारण शाला-कॉलेज में परीक्षाओं में उच्च परिणाम लाने को ही 'शिक्षा' मानते हैं। वे ऐसा सोचते हैं कि कुछ भी दूसरा करने से भविष्य बिगड़ेगा! ऊपर से ट्यूशन क्लास की महामारी! एक अच्छी अभ्यासेतर पुस्तक न पढ़ी जा सके तो ओएसिस में कहाँ से जा सकते हैं? गत वर्ष पढ़ाई न बिगड़े इस कारण से उसके पिता ने अन्त में उसे ओएसिस में आने से मना कर दिया। लड़की के लिए ओएसिस जीवन के लिए प्रेरणास्थल बन गया है। उसे ओएसिस में नई जिन्दगी, नया आत्मविश्वास प्राप्त होता है! उसका हृदय इस मनाही को कैसे स्वीकार कर सके? यह लड़की कितनी गिड़गिड़ाई होगी! कितनी तड़पी होगी! कितनी विनती की होगी अपने पप्पा से कि मुझे ओएसिस में जाने दें, प्लीज! परन्तु पप्पा ने प्रतिबन्ध लगा दिया। जब मुझे पता चला तो बहुत दुःख हुआ।

परन्तु दुःख से अधिक मुझे दया आई—लड़की के लिए नहीं, उसके पप्पा पर। जिस क्षण पिता ने अपनी धाक का उपयोग करके बेटी को ओएसिस जाने से मना कर दिया, उसी क्षण उन्होंने आपकी प्यारी बेटी के दिल में उनके विरुद्ध विद्रोह का बीजारोपण किया या नहीं?

जिस क्षण इस लड़की को ओएसिस में आने के लिए मना किया गया, उस क्षण से लड़की ओएसिस को और अधिक चाहने लगी, ओएसिस में दिए जानेवाले मूल्यों को ग्रहण करने की उसकी उत्कटता बढ़ गई। उसके हृदय पर जबरदस्ती करनेवाले पिता के प्रति उसके हृदय में कितना आदर रह पाएगा? वह बोलेगी नहीं, किन्तु क्या उसके पिता को अपनी बेटी की तरफ से पहले जैसा ही उत्कट एवं निस्वार्थ प्रेम

का अनुभव होगा क्या? हम जैसा कर्म करते हैं वैसा ही फल मिलता है, यह प्रकृति और जिन्दगी का नियम है।

क्या यह सही एप्रोच नहीं हो सकती थी कि पिता ने पुत्री पर अधिक भरोसा रखा होता? बेटी को समझने की कोशिश की होती? यदि ऐसा लगा होता कि बेटी कुछ गलत कर रही है तो स्वयं ऑफिस में आकर जानने की कोशिश की होती? परन्तु यदि अधिगम सही हो तब तो मनुष्य अच्छा विचार करे न?

खैर! इस पूरी बात को कहने के पीछे मेरी भावना इतनी ही है, मनुष्य इतना अधिक भ्रष्ट है, इतना अधिक निर्बल है, इतना अधिक लाचार है कि दूसरे मनुष्य को वास्तव में बलपूर्वक कुछ भी दे नहीं सकता। मैं यहाँ बैठकर दिन भर अपना गला घिसता रहकर, मेहनत करके जिन्दगी के बारे में बात करता रहूँगा, उससे यह जरूरी नहीं है कि यहाँ बैठे हुए सभी लोगों की जिन्दगी बदल जाएगी। मेरा निदर्शन पूरा होगा तब बहुत से लोग आकर मुझसे कहेंगे, "हमें बहुत पसन्द आया।" "बहुत मजा आया!" फिर घर जाकर चादर तानकर सो जाएँगे कि सुबह जल्दी हो जाए। कल मित्रों से कहेंगे भी कि, "ये सब बातें हैं! ऐसे थोड़े ही जिन्दगी जी जाती है! बाकी तो सब ठीक, पर हमारा टाइमपास हो जाता है...!!"

मैं किसी को कुछ भी सिखा सकूँ यह मेरी शक्ति के बाहर की बात है। आज के मेरे निदर्शन में से कोई कुछ भी सीखे तो उसका सारा श्रेय उस व्यक्ति की एप्रोच को जाता है। सीखने को उत्सुक और इच्छुक व्यक्ति तो चाहे जैसे भी सीख ही लेता है!

मेरी जिन्दगी पर कोई व्यक्ति एकाधिकार जमाने की कोशिश करे यह मुझे पसन्द नहीं है। और उससे सीखकर मैं स्वप्न में भी किसी की भी जिन्दगी पर अधिकार जमाने की कोशिश नहीं करता। फिर भले वह मेरा भाई या मेरी बहन ही क्यों न हो! यदि मैं प्रकृति के नियम को

समझता होऊँ तो भविष्य में मेरी पत्नी या पुत्रों पर भी अधिकार जमाने की कोशिश नहीं करूँगा और मुझे विश्वास है यदि मैं अपने मनुष्यत्व और मानव सहज मर्यादाओं को सच्चे दिल से सम्मान दूँगा तो, मुझे दुनिया की हर खुशी अवश्य ही मिलनेवाली है।

मैं तो खूब सुखी होनेवाला हूँ ही। यह मेरी पसन्दगी है। परन्तु संवेदनशील होने के नाते जब अपने मित्रों या दूसरे मनुष्यों को उनकी अज्ञानतावश प्रकृति के नियम के विरुद्ध जाकर स्वयं को हानि पहुँचाते देखता हूँ, उस समय मैं अत्यन्त व्यथा का अनुभव करता हूँ।

काश! मनुष्य अपनी हैसियत का हमेशा ध्यान रख सकता होता, तो दुनिया थोड़ी और अधिक सुन्दर होती!

मृत्यु और जीवन

एक बार स्वामी विवेकानन्द समुद्र-यात्रा पर थे। उस समय एक पढ़ा-लिखा किन्तु अकड़ू युवक उनकी निरन्तर अवहेलना कर रहा था। स्वामी जी चुपचाप यह देखते रहते। इसी तरह दो-चार दिन बीते। फिर एक दिन स्वामी जी सामने से उसके पास गए और उससे पूछा कि

"तुम कहाँ जा रहे हो?"

अतः पहले युवक ने उत्तर दिया,

"अमेरिका।"

"वहाँ जाकर क्या करोगे?"

"डॉक्टरी की पढ़ाई करूँगा।"

"फिर?"

"फिर प्रैक्टिस करूँगा।"

"फिर?"

"फिर पैसे कमाऊँगा।"

"फिर?"

"फिर विवाह करूँगा।"

"फिर?"

"बालक होगा।"

"फिर?"

"फिर उसका पालन-पोषण करूँगा।"

"फिर?"

"फिर उसे भी डॉक्टर बनाऊँगा।"

"फिर?"

"फिर वह भी प्रैक्टिस शुरू करेगा।"

"फिर?"

"फिर मैं वापस भारत आ जाऊँगा।"

"फिर?"

"फिर मैं निवृत्त हो जाऊँगा।"

"फिर?"

"फिर क्या? फिर मर जाऊँगा!"

स्वामी विवेकानन्द ने हँसकर उससे कहा, "क्या तू मरने के लिए यह सब कर रहा है?"

यह छोटी-सी बात किसी भी व्यक्ति का जीवन बदल सकती है, अलबत्ता व्यक्ति की संवेदनशीलता जीवित हो तो! हमें अपने-आपसे प्रश्न पूछना चाहिए कि 'उसके बाद क्या?' का जवाब हमारे पास है?

संघर्ष की शुरुआत हो तो देर-सबेर मनुष्य के सामने आकर एक शब्द खड़ा हो जाता है, और वह शब्द है—मृत्यु! जो उसका पीछा ही नहीं छोड़ती। जिन्दगी को समझने के लिए मृत्यु को समझना आवश्यक है, और मैं दिन-प्रतिदिन उसकी बात बारम्बार करता हूँ; उस पर से आपको खयाल आ ही जाएगा कि मैं 'मृत्यु' नामक घटना और उसके बाद के रहस्य को समझने के लिए पूरी कोशिश कर रहा हूँ। सच कहूँ तो यह ऐसा विषय है कि हैरान-परेशान हो जाएँ। मैं अकेला क्यों हैरान होऊँ?! आपको भी थोड़ा हैरान करूँ न! मृत्यु को समझने का थोड़ा प्रयास कीजिए। मेरी दृष्टि से जिन्दगी को समझने की शुरुआत करने के लिए आदर्श बिन्दु मृत्यु है।

हम सभी जानते हैं और स्वीकार करते हैं कि हमारी मृत्यु किसी भी घड़ी हो सकती है। हमारी मृत्यु निश्चित है, इस बारे में कोई शंका नहीं है। हम सभी को मृत्यु का भय भी है। हम सबको जितना अधिक सम्भव हो उतना लम्बा जीने की इच्छा और हो सके तो कभी मृत्यु न पाने की कल्पना करना अच्छा लगता है! परन्तु इससे बाहर निकलकर थोड़ा गम्भीरतापूर्वक मृत्यु को समझने और उसमें से कुछ सीखने का क्या हम प्रयत्न करते हैं?

उत्तर चाहे जो हो, हमारे आचरण में तो अपने ऐसे किसी प्रयत्न का छींटा भी दिखाई नहीं देता।

लियो टॉलस्टॉय का एक लघु उपन्यास है, उसका शीर्षक है : 'ईवान ईल्यीच की मृत्यु'। इस लघु उपन्यास को पहली बार पढ़ते समय मेरे भीतर एक विस्फोट हुआ था। यह लघु उपन्यास पढ़ने के बाद एकदम हिल उठा था! तब से आज तक यह लघु उपन्यास अनेक बार पढ़ चुका हूँ। सच कहूँ तो जब-जब अपनी जिन्दगी के प्रति सजगता को थोड़ा प्रगाढ़ करने की इच्छा मुझे होती है, तब मैं यह लघु उपन्यास पढ़ता हूँ। और आज तक उसने मुझे इस बात में कभी निराश नहीं किया है। जिन्दगी को समझने के लिए इच्छुक प्रत्येक व्यक्ति को यह कृति पढ़नी ही चाहिए। मैं इस समय केवल उसका सार कहना चाहता हूँ।

ईवान ईल्यीच का अवसान 45 वर्ष की उम्र में हुआ, उस समय वह रशियन न्यायाधीश था। युवावस्था में वह अत्यन्त ही चतुर, चपल और आकर्षक व्यक्तित्व का स्वामी था। उसका शैक्षिक कैरियर भी बहुत गौरवप्रद था। स्वभाव से मिलनसार एवं खुशमिजाज होने से अपने आसपास के दायरे में वह खूब प्रिय हो जाता। पढ़ाई पूरी करने के बाद उसने एक वकील के रूप में अपने कैरियर की शुरुआत की। अपने मित्रों के दायरे में ही एक आकर्षक युवती के साथ उसने बड़ी शालीनतापूर्वक

प्रेमसम्बन्ध की शुरुआत की, और फिर अपने रुतबे के अनुरूप खूब धूमधाम से उसके साथ विवाह भी किया। इस समय वह अत्यन्त खुश था। जिन्दगी ठीक उसी तरह जा रही थी जैसी वह स्वयं चाहता था। उसे लगने लगा था कि 'विवाह से खुशहाली भरे, आनन्ददायक जीवन में बाधा पड़ती है' जैसी सामान्य मान्यता कम-से-कम उसके अपने बारे में गलत पड़ रही है। उसकी पत्नी की गर्भावस्था तक यह मान्यता टिकी रही। परन्तु बाद में ऐसा कुछ होने लगा, जिसके कारण घर में तकरार, क्लेश, अबोला वगैरह की शुरुआत हुई।

आरम्भ में ईवान ईल्यीच को लगता था कि वह किसी अस्थायी स्थिति से गुजर रहा है, थोड़ा समय बीतने पर सब कुछ ठीक हो जाएगा, और फिर वह वापस अपनी पुरानी बेफिक्र, खुशहाल जिन्दगी जी सकेगा। परन्तु धीरे-धीरे उसे समझ में आने लगा कि वैवाहिक जीवन जिन्दगी की मौज को अवश्य ही खतरे में डाल रहा है। इसके फलस्वरूप उसने घर में केवल खाने, सोने और पत्नी के साथ सहशयन करने तक की शिष्टता बनाए रखी, बाकी सभी बातों की अवहेलना करने लगा। इस तरह उसने अपनी आनन्द की अवस्था को बनाए रखने का प्रयत्न किया। उसके घर एक पुत्री और एक पुत्र का जन्म हुआ। इसी तरह सत्रह वर्ष का वैवाहिक जीवन गुजर गया।

धीरे-धीरे कैरियर सम्बन्धी उसकी महत्वाकांक्षा बढ़ती गई। उसे कभी-कभी लगता कि घर में होनेवाली तकरार के मूल में आवश्यकता की अपेक्षा आय की कमी है। दुनिया की नजर में वह चाहे जितना मालदार दिखता, परन्तु वास्तविक आय की अपेक्षा खर्च हमेशा बढ़ जाता था। अन्त में उसने नौकरी बदली और अलग वातावरण में जाने के जोखिम के साथ अधिक वेतन की नौकरी स्वीकार की।

जहाँ नई नौकरी करनी थी, उस शहर में उसने एक सुन्दर घर खरीदा। अपनी पत्नी और बालकों के आने से पहले ही खूब मन से,

जहमत उठाकर उसे सजाने लगा। वह समझता था कि इतना सुन्दर घर देखकर उसकी पत्नी और बालक इतने खुश हो जाएँगे कि झगड़ा और कड़वाहट भूतकाल की वस्तु बन जाएगी और एक नई जिन्दगी का प्रारम्भ हो सकेगा। अपनी पत्नी और बालकों को खूब नाटकीय ढंग से घर दिखाने का आश्चर्य देकर खुश भी कर दिया।

अब कहानी में मोड़ आता है।

जब ईवान ईल्यीच घर में फर्नीचर आदि की सजावट करवा रहा था, उस समय उत्साह में आकर मजदूरों को परदा टाँगने की रीति बताने के उत्साह में वह सन्तुलन खोकर नीचे गिरा। टेबल की एक धार बायें जबड़े में लगी। हालाँकि दर्द थोड़ी देर में दब गया था और उस पूरी घटना को वह भूल भी गया था। नये घर में आने पर नए कारणों से कलह, तकरार तो चलने ही लगी। इसी क्रम में उसकी जिन्दगी बीत रही थी।

ऐसे में धीरे-धीरे ईवान ईल्यीच को मुँह में बेस्वादी तथा शरीर की बाईं तरफ पीड़ा का अनुभव होने लगा। पहले तो वह इनकी अवहेलना करता रहा, पर धीरे-धीरे दर्द बढ़ता गया। और उसके कारण उसे खूब बेचैनी और अस्वस्थता होने लगी। खाने बैठा हो तब, कोर्ट में मित्रों के साथ ताश खेल रहा हो या सामाजिक प्रसंगों में शामिल होने के लिए जाते समय एकाएक दर्द उठता और दर्द के साथ उसका चित्त कहीं और न लग सकता था। इस कारण धीरे-धीरे उसका स्वभाव चिड़चिड़ा होता गया।

पहले सामान्य डॉक्टर, फिर प्रसिद्ध और नामांकित डॉक्टर! फिर तो डॉक्टरों की पूरी फौज उसके दर्द के कारणों को खोजने में लग गई। कोई आँतों की बात करे, कोई मूत्रपिंड की! परन्तु उसका दर्द दूर न हो सका। उसे मार्फिन की अधिक-से-अधिक सूइयाँ दी जाने लगीं जिससे दर्द में राहत रहे। परन्तु धीरे-धीरे ईवान ईल्यीच को उस सूई से बहुत

अधिक अरुचि होने लगी। धीरे-धीरे वह अचानक, अप्रत्याशित रूप से आ पड़ी इस पीड़ा से इतना डरने लगा कि दहशत के कारण उसका स्वास्थ्य बिगड़ता चला गया। उसे अब हर जगह हर बात में ही सभी का दोष दिखाई देने लगा और सबके साथ वह इस प्रकार का व्यवहार करने लगा कि सभी उससे दूर रहने लगे।

बस, कहानी की पूर्वभूमिका मैंने बाँध ली, अब जो होता है, उसे आप जितनी उत्कटता से महसूस कर पाएँगे, उतनी उत्कटता से जिन्दगी के रहस्य को पा सकेंगे।

लगातार रहनेवाली पीड़ा के कारण ईवान ईल्यीच को ऐसा लगने लगा कि अब मेरी मृत्यु समीप आ गई है। मृत्यु के विचार मात्र से वह सन्न रह गया। बिस्तर पर पड़े-पड़े पीड़ा भोगते हुए वह अपने आसपास के लोगों और उनके दम्भ को देखने लगा। इतने सारे डॉक्टर, परन्तु उसकी जिन्दगी की सच्ची चिन्ता किसी को नहीं! वह गिड़गिड़ाकर पूछता परन्तु उसकी हालत के बारे में डॉक्टर स्पष्ट बात नहीं करते थे। धीरे-धीरे उसके हृदय में डॉक्टरों के प्रति अपार धिक्कार निकलने लगा।

उसे ऐसा लगता कि अपने परिवारजनों के लिए भी वह मानो एक बोझ, एक जवाबदेही बन गया हो। उसकी तबीयत की सच्ची चिन्ता कोई नहीं करता था, छोटे बच्चे की भाँति उसे रोने का मन होता। और उसे कोई छोटे बच्चे की भाँति चुप कराए, प्रेम दे, उसकी ऐसी अदम्य इच्छा होती थी! किन्तु ईवान ईल्यीच, शहर का नामांकित न्यायाधीश! उसकी यह इच्छा एकदम पूरी नहीं होती थी। पत्नी और अन्य परिवारजनों के व्यवहार में कृत्रिमता देखकर उसकी पीड़ा और बेचैनी बढ़ जाती, उसे बेहद गुस्सा आता। यह गुस्सा उसकी पीड़ा में वृद्धि करता। इस तरह उसकी हालत बिगड़ती चली गई। अब वह बिस्तर से उठ भी नहीं सकता था।

और एक क्षण उसके मन में विचार आया : अपने आसपास मैं इतना दम्भ अनुभव कर रहा हूँ, परन्तु जब मैं स्वस्थ था तब मैं भी ठीक इन्हीं लोगों जैसा न था? तो क्या मेरी पूरी जिन्दगी निरर्थक गई?

बस, इस विचार से वह भड़क उठा। उसका मानसिक घर्षण खूब बढ़ गया। वह अपने मन में यह स्वीकार करने के लिए बिलकुल तैयार न था, कि जब वह अपनी जिन्दगी के अन्तिम सिरे पर आकर खड़ा है, मृत्यु मुँह फाड़े उसे निगलने की तैयारी में है, उस समय अपनी जिन्दगी के निरर्थक होने की बात सच हो। "नहीं, नहीं, ऐसा नहीं हो सकता! मैं जो कर रहा था वह योग्य ही था!" फिर वह अपने जीवन की आनन्ददायक, अच्छी कही जा सकने जैसी घटनाओं को याद करने का प्रयत्न करने लगा, तो उसे बचपन के कुछ प्रसंगों को छोड़कर कुछ भी याद नहीं आ रहा था! वह अपना पूरा जीवन फिल्म की भाँति देख सकता था, परन्तु वह सब वाहियात लगता था। उसकी बेचैनी और उलझन बढ़ती गई।

इस तरह असह्य पीड़ा में से गुजरते हुए उसे अचानक विचार आया। मान लें कि जिन्दगी निरर्थक गई तो उससे क्या? ऐसा नहीं है कि अब कुछ किया जा सके? मैंने जो जिया यदि वह झूठ है तो सत्य क्या है? मैं क्यों इतना अधिक पीड़ित हूँ? इतनी सारी यातना मुझे क्यों? और मेरी मृत्यु इतनी पीड़ादायक! जिन्दगी का तथ्य क्या होगा? मौत कैसी होगी?

ऐसा विचार कर रहा था कि उसी समय पत्नी आई। पत्नी की वेशभूषा, बात करने की रीति और उसमें छिपे झूठ को देखकर पुनः जबरदस्त वेग से उसमें धिक्कार की भावना आ गई। उसने अपनी इस निर्बल दशा में भी चीखकर पत्नी से कहा— "चली जा! चली जा यहाँ से! मेरा पीछा छोड़ दे।" चीखने के साथ ही उसमें भयंकर हताशा व्याप्त हो गई। उसे कोई स्पष्टता मिलनेवाली नहीं है, इसलिए शंकाओं का

कोई समाधान नहीं होना है : इस भावना से वह भयानक आत्मग्लानि और निराशा की खाई में गिर गया। उसी पल से उसने भयंकर रूप से चीखना-चिल्लाना शुरू कर दिया। उसके हाथ-पैर उछलने लगे, वह तेजी से तड़फड़ाने लगा और ऐसी भयानक त्रासद स्थिति में वह तीन रात, तीन दिन तक रहा।

एक ओर भयंकर गहरे अँधेरे गड्ढे में जबरदस्ती धकेले जाने की भावना आती, दूसरी ओर ऐसा लग रहा था कि उसकी मानसिक हालत, मन के मन्थन के कारण वह गड्ढे में सरक नहीं पा रहा है। ऐसी संघर्षमय स्थिति में जब वह मौत के लिए तड़फड़ा रहा था, भयंकर ढंग से चीख रहा था, उस समय उसके सबसे छोटे पुत्र ने उसके कमरे में प्रवेश किया। वह सीधे अपने पिता ईवान ईल्यीच के पास पहुँच गया, और उसी समय तड़फड़ा रहे ईवान ईल्यीच का हाथ उसके पुत्र के माथे पर पड़ा। उसके किशोर पुत्र ने अपने पिता का हाथ पकड़कर होठों से चाँपकर रोना शुरू किया। ठीक उसी समय ईवान ईल्यीच तेजी से गड्ढे में गिरना शुरू हुआ, अँधेरे और गड्ढे के अन्त में उसे एक प्रकाश की किरण दिखाई पड़ी!

फिर उसे प्रश्न हुआ कि जीवन का तथ्य क्या है? सत्य क्या है?

उस समय उसे लगा कि कोई उसका हाथ चूम रहा है। उसने आँखें खोलकर किशोर की ओर देखा। उसे किशोर की हालत पर दया आई। इतने में उसकी पत्नी भी कमरे में आई। उसके अस्तव्यस्त कपड़े, आँसुओं के निशानों से भरे गाल, मुँह पर हताशा का भाव छाया हुआ था। ईवान इल्यीच को पत्नी पर दया आई। उसे लगा कि मैं इन लोगों पर कितना जुल्म कर रहा हूँ। अब तो मेरी मौत से ही सभी को राहत होगी!

एक हाथ उठाकर उसने अपनी पत्नी से कुछ ऐसा कहने का प्रयत्न किया, "बिचारा बालक! तू...इसे...यहाँ से...ले जा! और तू...मुझे माफ करना!" वह स्पष्ट रूप से इतना भी न बोल सका।

परन्तु इसी क्षण एक जादू हुआ! जो पीड़ा उसके समग्र अस्तित्व से लिपटी हुई थी, वह मानो दसों दिशाओं में से तेजी से झड़ने लगी! उसे राहत होने लगी! उसे लगा कि यह सब कितना सरल है!

फिर उसे एकदम ऐसा लगा कि पीड़ा कहाँ गई? उसने चित्त को एकाग्र किया! हाँ, पीड़ा है तो जरूर! पर इससे क्या? परन्तु मृत्यु कहाँ है? कहाँ है मृत्यु?

उसने मृत्यु तथा मृत्यु की दहशत को खोजने के प्रयत्न किए, परन्तु उसे वह मिली नहीं। उसकी जगह तो प्रकाश था! और वह अचानक बोल उठा!

"तो ऐसी बात है! कैसा सुख है!"

और फिर गहरी साँस लेकर, श्वास को बीच में ही रोककर, शरीर के सभी अंगों को शिथिल करके ईवान ईल्यीच की मृत्यु हुई।

जिन्दगीभर जिन्दगी के बारे में, हमें कुछ खबर न थी,
मृत्यु के समय आया समझ में, वह अकारण न थी।

(गुजराती से अनुवाद)

इस लघु उपन्यास ने मुझे यह सिखलाया है कि सम्भवतः मृत्यु के समय प्रत्येक व्यक्ति को सत्य का साक्षात्कार हो ही जाता है। परन्तु मृत्यु पा रहा मनुष्य उसे प्राप्त इस ज्ञान को जीवित व्यक्ति को नहीं दे सकता।

अन्तिम घड़ी में ईवान ईल्यीच को हुई सत्य की अनुभूति के बारे में अपनी समझ को मैं शब्दों में व्यक्त कर सकूँ, वह मेरी सामर्थ्य के बाहर की बात है!

दम्भ में जीवन बिताकर मृत्यु तक जीवन के तथ्य को समझने की राह देखने की तैयारी मेरी नहीं है। ईवान ईल्यीच ने जो अन्तिम घड़ी में किया, उसे अपने जीवन की हर घड़ी में करने की मेरी कामना है और

प्रयत्नशील भी हूँ। मृत्यु के पूर्व मैं अपनी जिन्दगी को दम्भ के मायाजाल में फँसाकर अपनी मृत्यु से पहले ही मरना नहीं चाहता!

जियो तो ऐसे, जैसे सब कुछ तुम्हारा है,
मरो तो ऐसे कि तुम्हारा कुछ भी नहीं है।

कितना संघर्ष है यह?! मृत्यु को समझने का! सत्य को समझने का! और जीवन को सही ढंग से जीने का!

परिस्थितियाँ बदलने के लिए गर आप खुद दृढ़ हैं तो
हवा भी रुख बदले और कुदरत भी अदा बदले।
यहाँ घटना के बदल जाते है अर्थ, देखते-देखते
आप उठाएँ कदम और मंजिलें अपनी जगह बदलें।
बदलो मात्र दृष्टि लोक जगत की ताल देखने की
तो ऐसा हो कि जग नहीं, जग के जायके बदलें।
आप खुद ही खुद के गलत विचार यदि बदलें
तो है सम्भव यह कि लोग भी खुद की कल्पना बदलें

—रमेश पारेख

(गुजराती से अनुवाद)

उत्कटता

लियो टॉलस्टॉय का लघु उपन्यास 'ईवान ईल्यीच की मृत्यु' सचमुच खूब गम्भीर और जीवन को छू लेनेवाली अनेक बातों को अत्यन्त बारीकी से देखनेवाली कृति है। उसे खूब शान्तिपूर्वक महसूस करने का प्रयत्न करना।

एक बात तो हम सभी समझ ही सकते हैं कि मृत्यु किसी भी समय आ सकती है। जे. कृष्णमूर्ति कहते हैं :

मृत्यु है यह वास्तविकता है।
इसके बारे में किसी तर्क की गुंजाइश नहीं।
मृत्यु के सम्मुख आप दलीलें नहीं कर सकते।
उसे यह नहीं कह सकते कि
'कल आना, क्योंकि अभी मैं तैयार नहीं हूँ'।

इस पृथ्वी का कोई भी मनुष्य खुद कितना जिएगा और उसकी मृत्यु कब आएगी, वह कह नहीं सकता। यह मनुष्य की मर्यादा है, फिर भी यही मर्यादा मनुष्य को प्रत्येक घड़ी उत्कटता से जीने के लिए प्रेरित करती है। सेनेका कहते हैं :

कितना लम्बा जीना
यह किसी भी मनुष्य के हाथ में नहीं है।

परन्तु कितना उम्दा एवं आदर्श जीवन जीना
वह प्रत्येक के हाथ में है।

इसी दिशा में ऑस्कर वाइल्ड कहते हैं :

जीना, यह तो जीवन की सबसे विरल वस्तु है।
अधिकांश लोगों का तो मात्र अस्तित्व ही होता है।

साथ ही कवि जिगर कहते हैं :

मौत जब तक नजर नहीं आती,
जिन्दगी राह पर नहीं आती।

यह विरल उत्कटता (Passion) शब्द भी मुझे अत्यन्त प्रिय है। उसी के समान दूसरा सुन्दर और भव्य शब्द है जिजीविषा। बहुत अद्‌भुत शब्द हैं ये! इन शब्दों के प्रति अपना प्रेम व्यक्त करने के लिए मुझे पुनः मृत्यु के विषय को स्पर्श करना पड़ेगा! जाने-अनजाने भी जिन्दगी और उसके संघर्ष को समझने की कोशिश में मृत्यु बार-बार बीच में आ ही जाती है, है न?!

मैं अभी हिमालय की ओर गया था, उस समय मैंने अपनी जिन्दगी और मृत्यु को समझने के लिए खूब कोशिश की। पुनर्जन्म और पुनर्जन्म की बातों ने मुझे हमेशा तकलीफ दी है। मैं उन्हें पूरी तरह से नकार भी नहीं सकता और मुझे कोई अनुभूति भी नहीं है, इसलिए उसके बारे में मैं कुछ ठोस कह भी नहीं सकता! कुछ भी समझने के लिए किया गया प्रयास कभी व्यर्थ नहीं जाता। मृत्यु के बारे में विचार करते-करते मुझे एक अच्छी बात सूझी है। उसमें नया कुछ नहीं है, फिर भी आपसे अवश्य कहूँगा।

मैंने घड़ी भर मान लिया कि इस शरीर के पास आत्मा जैसा कुछ है, और मृत्यु के बाद वह इस शरीर को छोड़कर दूसरे शरीर में प्रवेश

करती है। संक्षेप में, हम जैसे कपड़ा बदलते हैं वैसे आत्मा शरीर बदलती है, इस मान्यता को पल भर के लिए स्वीकार कर लें।

इसे स्वीकार कर लेने से एक बड़ा फायदा होता है, प्रकृति के क्रम के साथ इस बात का एकदम मेल बैठता है। सुख एवं दुःख जीवन में बारी-बारी से आते ही रहते हैं, उनका तो हम सभी को अनुभव है। रात और दिन का क्रम भी वैसे ही अटल है। कोई वस्तु ऊर्ध्वगति करे और महत्तम बिंदु पर पहुँचे फिर उसकी गति नीचे की ओर होती ही है, वैसा ही कुछ तर्क जीवन के बाद मृत्यु और मृत्यु के बाद के जीवन पर एकदम सही बैठता है।

अब सवाल यह है कि क्या ऐसा होता होगा? यदि कहीं से ठोस जानकारी मिल जाए, ऐसी कि हम हृदय से स्वीकार कर सकें तो मजा आ जाए! कितनी राहत हो जाए यदि इस समय मुझे यह समझ में आ जाए कि मृत्यु के पश्चात जीवन है! परन्तु भ्रम में जिया नहीं जा सकता, छल तो हो ही नहीं सकता! यानी हम जहाँ थे वहीं रह गए!

खैर! यह बात तो अभी मुझे बहुत सताएगी ही। परन्तु इसे समझने की कोशिश में एक मजाक सूझा! मुझे एक प्रयोग करने का मन हुआ। पुनर्जन्म और पूर्वजन्म की बातों से तो कोई लाभ नहीं है, परन्तु इस प्रयोग से ठोस लाभ होना सम्भव है! और कल ही! प्रयोग क्या है, बताऊँ?

हमने अभी 'दिन और रात' के क्रम के साथ जीवन और मृत्यु की तुलना की। परन्तु अब तुलना करनी ही नहीं है। बस, मान ही लें कि दिवस ही जीवन है और रात्रि यह मृत्यु! तत्काल एक चमत्कार होगा!

कल ही आप सभी लोग यह प्रयोग करके देखिएगा! करेंगे न?

सूर्य उदय हो, प्रकाश का आविर्भाव हो, उस समय पक्षियों के कलरव के बीच, अत्यन्त शान्त एवं पवित्र वातावरण में मेरी नींद खुलती है। जीवन का आरम्भ हो रहा है, मेरा जन्म हो रहा है। आँख खोलने के साथ ही अपने-आप को शुभेच्छाएँ भेजता हूँ, "Many many happy returns of the day! Happy Birthday Sanjiv!" और खुशी से छलकता हुआ मैं चारपाई से उतरता हूँ। अत्यन्त शान्तचित्त, स्वस्थ मन और प्रसन्न हृदय से अपनी दिनचर्या, यानी कि जीवनचर्या प्रारम्भ करता हूँ।

मैं पूरा दिन (यानी कि पूरा जीवन!) चाहे जो करूँ, मुझे मात्र एक ही बात याद रखनी है। इस तरह मुझे पूरे दिन (जीवन) की प्रवृत्तियाँ करनी है। दिन पूरा होने पर (यानी कि जीवन पूरा होने पर) जब रात्रि का (यानी कि मृत्यु का) आगमन हो, तब दिन (जीवन) जिस रीति से व्यतीत किया हो उसके लिए बिलकुल अफसोस न हो। जितना खुश मैं सुबह उठने के समय था, उतना ही खुश मैं रात को सोने की (मृत्यु की) बेला में तभी रह सकता हूँ, जब पूरे दिन (जीवन) भर मैं इस बारे में जाग्रत रहूँ! यदि मैं लापरवाह हो जाऊँगा, यह बात भूल जाऊँगा तो चूक जाऊँगा और ऐसा कुछ कर बैठूँगा, या ऐसा कुछ नहीं कर पाऊँगा जिसकी वजह से रात को सोते समय मुझे अफसोस रह जाएगा!

क्योंकि रात ही तो मृत्यु है! दूसरे दिन सुबह उठूँगा या नहीं, उसका तो मुझे बिलकुल भी पता नहीं है!

फिर से कृष्णमूर्ति को उद्धृत करते हैं :

यदि आपको मात्र एक ही घंटे तक जीना बाकी हो
तो आप क्या करोगे?
आप एक घंटा पूर्णता से जीएँगे।
उसी तरह आप
अपने जीवन के प्रत्येक पल को पूर्णता से जिएँगे
तो आपको मृत्यु का कोई भी डर नहीं लगेगा।

सम्पूर्ण सहृदयता से, सम्पूर्ण उत्कटता से और पूरी गम्भीरता से इस प्रयोग को करके देखना! पुनर्जन्म और पूर्वजन्म तो ठीक है! आनेवाला कल और यह जन्म अवश्य सुधर जाएगा! क्योंकि ऐसा करने में पूरी

तन्मयता से जीने के सिवा, प्रेम करने के सिवा आप दूसरा कुछ नहीं कर सकेंगे! परिवारजनों या मित्रों की भूल होगी तो आप उन्हें तत्काल एवं हृदयपूर्वक क्षमा कर देंगे। रात्रि को सोते समय किसी तरह का अफसोस नहीं रह जाना चाहिए। आज ही हिसाब-किताब! स्वर्ग और नरक आज ही! और अभी, इसी वक्त!

हमारे शास्त्रों में पूर्वजन्म तथा पुनर्जन्म की बातें, या आत्मा और मृत्यु की बातें कहने का आशय यह भी हो सकता है कि मनुष्य इस घड़ी को जीना और उसे मनाना तो सीखे! और वह हर एक पल इस तरह जाग्रत रहकर जिये कि उसका जीवन सार्थक हो जाए!

पूर्वजन्म तथा पुनर्जन्म की बातों से जड़वत चिपके रहकर इस घड़ी को चूक जानेवाले धर्मगुरुओं की अपेक्षा यह बात मुझे अधिक स्वीकार्य और रोमांचक लगती है!

कल मेरी मृत्यु हो तो मैं वापस आ भी सकता हूँ, और न भी आऊँ! तो अभी अपने जीवन-संगीत का सृजन क्यों न करूँ! अभी, यहीं पर अपना स्वर्ग क्यों न बनाऊँ?! अभी, यहाँ पर ही ऐसा कुछ करके अपनी सुन्दर निशानी क्यों न छोड़ जाऊँ?! इसी समय बहुत-बहुत प्रेम क्यों न करूँ?! यहीं पर खूब-खूब क्यों न सीखूँ?! इस क्षण का, अभी ही भरपूर आनन्द क्यों न लूँ?!

मार्क ट्वेन के शब्दों में :

Let us so endeavour to live that
when we come to die
even the undertaker would be sorry.

मैं क्या करूँ?

हम जीवन के 'संघर्ष' के चरण में से गुजर रहे हैं। मानव-सहज मर्यादाओं की समझ एवं उनका स्वीकार, जीवन की क्षणभंगुरता का अहसास, मृत्यु को महसूस करने के प्रयास से हमारी जिजीविषा थोड़ी तो सुगबुगाती ही है! और जिजीविषा की सुगबुगाहट मानो भविष्य में और अधिक आ रहे संघर्षों की पगध्वनि है!

मुझे जीना है! सही ढंग से जीना है! अपने जीवन को सार्थक बनाना है। पर मैं क्या करूँ? कैसे करूँ?

इन प्रश्नों के उत्तर मनुष्य को झट से नहीं मिलते हैं! संघर्ष मानो जिन्दगी का दूसरा नाम है, प्रश्नों के उत्तर यूँ ही मिल जाएँ तो जिन्दगी कैसी? यह बात आप में से अधिकांश को उलझन में डालती ही होगी। और अगर उलझन में नहीं डालती, तो फिर या तो आप जवाब जानते हो इसलिए भाग्यवान हैं अथवा संवेदनहीन होने से कमनसीब!

यह करें या वह करें? ऐसा करें, वैसा करें?
जिन्दगी दो दिन की है, दो दिन में हम क्या-क्या करें?

ऐसी उलझन अधिकांश युवा भाई-बहनों को होती है। उलझन का हल शायद ही थोड़े से लोगों को मिलता है! बाकी तो हताश हो जाते हैं, अथवा दिलासा करके उलझन का हल ढूँढ़ने का प्रयास छोड़ देते हैं और ढर्रे पर चलनेवाला जीवन स्वीकार कर लेते हैं।

संवेदनशील मित्रों के लिए यह संघर्ष भी सुदृढ़ मनोबल की माँग करता है।

इस चरण में मैं शिक्षा के कुछ पहलुओं को स्पर्श करना चाहूँगा, क्योंकि यौवन अपना ध्येय न खोज सके तो मैं इसे शिक्षा की मर्यादा का प्रश्न मानता हूँ।

मनुष्य अपने जीवन ध्येय को पहचान सके, अपनी शक्तियों को पहचानकर, उभरते हुए आत्मविश्वास से अपनी जिन्दगी का चयन कर सके, ऐसी शिक्षा व्यवस्था होनी चाहिए। शिक्षा के कारण यदि मैं अपनी जिन्दगी से दूर होता जाऊँ तो ऐसी शिक्षा की क्या कीमत है? पैसा और रुतबा या सुख-सुविधा यह शिक्षा के ध्येय हो ही नहीं सकते। और आज शिक्षा के नाम पर इसके सिवा क्या और कुछ हो रहा है?

इसका परिणाम क्या है? शक्ति के झरने समान यौवन की शक्ति को प्रवाहित करने के लिए मार्ग नहीं है! इतनी अधिक भावनाओं को बहाने के लिए कोई दिशा ही नहीं है! बिना थके पूरी रात rock-n-roll कर सकनेवाले सैकड़ों युवक-युवतियाँ क्या रातों-रात समाज की तासीर नहीं बदल सकते? अपने कसरती शरीर पर गर्व करनेवाले बहादुर युवक क्या अत्याचारियों के विरुद्ध आवाज नहीं उठा सकते? क्या बहादुरी अपने से निर्बलों को डराने में है? देश के युवक इकट्‌ठे होकर लाल आँख करें तो क्या देश की हालत बदली नहीं जा सकती? भारत की करोड़ों की आबादी जरा-सा भी जाग्रत हो जाए तो क्या कुछ हजार गन्दे राजनीतिज्ञों द्वारा अपने देश को बेचने से रोक नहीं सकते? सब हो सकता है, परन्तु उत्साह और विचारों की स्पष्टता हो तब न?!

जरा विचार कीजिए! हमारे समाज का युवा नेतृत्व कितना कुछ कर सकता है! परन्तु धन का, सत्ता का, कुर्सी का मोह दूर हो तब न! देखा-देखी मनुष्य फालतू चीजों को पकड़कर उसे ही अपना जीवन ध्येय बना लेता है। इस देश का सत्यानाश दो कारणों से हो रहा है—एक तो

मूर्खों की राजनीति में सक्रियता; और सयाने लोगों की राजनीति के प्रति उदासीनता! या तो हम स्वार्थी हैं, मतलबी हैं (अपना घर कैसे भरूँ!) या फिर आत्मकेन्द्रित (इससे मुझे क्या?)। इसके प्रताप से ही हमारी संसद में कितने ही अपराधी और भ्रष्टाचारी प्रतिनिधि बनकर घुस जाते हैं! जरा विचार कीजिए कि लोकसभा की यह हालत हो तो देश की दुर्दशा में हैरानी जैसी क्या है?

मूल बात पर आऊँ। हम बहुत कुछ कर सकते हैं, इसमें तो किसी को कोई शंका नहीं होगी। परन्तु मैं क्या करूँ? किस तरह करूँ? इन प्रश्नों के उत्तर तो अभी चाहिए न!

ओएसिस के कुछ मित्र इस बात को लेकर हताश हो जाते हैं। कई बार मुझसे कहते भी हैं कि, "संजीव भाई, बातें तो हम खूब करते हैं। हमें अब ऊब लगती है। हमें अब कुछ ठोस करना है।" जिन्हें कुछ ठोस करना हो, भला उन्हें कोई रोकता है?! अकेले पड़ जानेवाले, हताशा में जीनेवाले फिर भी कुछ कर गुजरने के इच्छुक भाई-बहन एक साथ खड़े रह सकें, उन्हें ऐसा प्लेटफार्म प्रदान करना—यह ठोस काम नहीं है क्या? शानदार भव्य क्रान्ति हो और दिखाई दे, उसे ही ठोस काम कह सकते हैं?

कवि दुष्यन्त कुमार कहते हैं :

कैसे आकाश में सुराख नहीं हो सकता,
एक पत्थर तो तबीयत से उछालो यारो...

कोई भी बड़ी क्रान्ति बिना अनुशासन के, जवाबदेही की प्रबल भावना के बिना, निष्ठा और एकता के सिवा, पुरुषार्थ के बिना, निष्ठा एवं एकता के बिना नहीं हो सकती। चीटियाँ बिल बनाएँ, मधुमक्खियाँ छत्ता बनाएँ या कोई शाहजहाँ ताजमहल बनवाए—उन्हें भी मैं एक क्रान्ति के रूप में देखता हूँ। परन्तु अपने से धीरे-धीरे जितना सम्भव हो

उतना भार लेकर अनुशासनबद्ध जानेवाली चीटियों को, फूल और छत्ते के बीच बिलकुल थके बिना अविरत उत्साहपूर्वक कार्यरत मधुमक्खियों को और शाहजहाँ की इच्छा की प्रबलता को भूल जानेवाले क्रान्ति की बात करें, वह शोभा देता है? चींटी बनने को हम तैयार नहीं हैं, बड़ा ही काम करना है, जल्दी करना है, रातोंरात करना है! छोटा काम करने का कोई उत्साह नहीं है या तैयारी नहीं है! क्रान्ति करने की हममें क्या योग्यता है?!

समाज परिवारों से बना है। परिवार व्यक्तियों से बना है। प्रत्येक व्यक्ति अपना अधिगम, एप्रोच सुधारे, वैयक्तिक स्तर पर क्रान्ति करे तो परिवार की परिस्थिति सुधरेगी ही! परिवार की परिस्थिति सुधरेगी तो गाँव और शहर बेहतर होंगे। उनके विकास से देश का विकास होगा ही! यह मेरे दिमाग की पैदाइश नहीं है, महान दार्शनिक कंफ्युशियस-उच्चारित शब्द हैं!

"मैं क्या करूँ और कैसे करूँ?"

संघर्ष करें! और 'मैं क्या करूँ?' इस प्रश्न का उत्तर स्वयं खोजने का प्रयास करें। जब मैं दृढ़ इच्छाशक्ति और कठोर परिश्रम करने की तैयारी के साथ ऐसी भावना का अनुभव करूँ कि,

इस पुरानी बेवफ़ा दुनिया का रोना कब तलक?
आइए, मिल-जुल के हम, दुनिया नई पैदा करें...

...उस समय यह भावना मेरे समग्र व्यक्तित्व में से कर्म के रूप में इस तरह बहनी चाहिए जिसे सारी दुनिया देख सके और महसूस कर सके। और उन संवेदनाओं का प्रभाव इतनी तीव्रता से होना चाहिए कि मेरे जीने से ही दूसरे लोगों को 'मैं क्या करूँ?' का जवाब नहीं तो उसकी दिशा तो अवश्य मिल जाए!

संघर्ष की प्रेरणा

"मैं क्या कर सकता हूँ? मुझे क्या करना चाहिए?" इन प्रश्नों का उत्तर खोजने में ऐसी एक बात मैं करना चाहता हूँ जिससे थोड़ा अधिक मानसिक संघर्ष कर सकने के लिए प्रेरणा मिले।

यूँ देखें तो मैं जो बात कहना चाहता हूँ वह मेरी निजी बात है, परन्तु व्यावहारिक मनोविज्ञान के विद्यार्थी के रूप में मेरा ऐसा मानना है कि मेरी निजी बात आपकी भी निजी बात होगी ही!

बहुत से लोगों को लगता होगा कि संजीव भाई उम्र की तुलना में कितने परिपक्व हैं! उम्र के अनुपात में उनमें कितनी अधिक समझदारी है, इत्यादि। अब, यह सब तो ठीक है, पर सच कहूँ? हृदय से मेरी उम्र मात्र 7-8 वर्ष है! शरीर तो धीरे-धीरे बुढ़ापे की तरफ जाएगा ही। मेरा मन हमेशा जवान रहे उसके लिए मैं प्रयत्नशील हूँ। पर अपने हृदय को सात-आठ वर्ष के हृदय की अपेक्षा अधिक विकसित होने ही नहीं देना है।

आपको सम्भवत: ऐसा लग सकता है कि ऐसा क्यों? उसका भी मेरे पास कोई उत्तर नहीं है, बस! सात-आठ वर्ष के समय की अपने हृदय की अवस्था मुझे इतनी प्यारी है कि इस जन्म में तो मैंने अमुक चीजों में बालक रहना ही तय किया है।

मैं विनम्रता से ऐसा मानता हूँ कि मनुष्य की उम्र चाहे जो हो, उसके अन्दर उसका बाल स्वरूप सदैव जीवित रहता है। बचपन की यादों से उसका मन चाहे कितनी भी विकट परिस्थिति में हलका हो सकता है।

मेरा ध्यान सभी रखें! *मेरा सभी ध्यान रखें! सभी मुझे प्यार करें! मेरी निर्दोषिता से भरी बातें सुनकर माता-पिता तथा स्वजन कभी न थकें! मैं रोऊँ तो तुरन्त मुझे उठा लिया जाए! मुझे खूब प्यार करके चुप कराया जाए। मेरी किसी भी भूल को क्षमा कर दिया जाए! मुझे हमेशा प्रेम से समझाया जाए!* यह सब मुझे आज भी अच्छा लगता है! अभी तो रोना हो तो भी आसपास देखना पड़े कि कौन उपस्थित है और रोया जा सकता है या नहीं! यह कैसी मुसीबत है?! मनुष्य के अन्दर बाल सुलभ आकांक्षाएँ सदैव जीवित रहती हैं—ईल्यीच को भी मृत्यु के समय ऐसी कामना होती थी। परन्तु हमारी बोलने की हिम्मत नहीं होती, सच है न!

अच्छा! यह तो मेरी निजी बात हुई! अब इस सन्दर्भ में संघर्ष की बात को आगे बढ़ाएँ।

मनुष्य के भीतर जीवित बचपन के कारण ही शायद उसे बच्चे प्रिय लगते होंगे! दादा-दादी अपने पुत्र-पुत्री के साथ भले ही रौब से बात करें परन्तु पौत्र के सामने तो पिघल ही जाएँगे! नन्हे, मासूम-निर्दोष, किल्लोल करते शान्ति दूत जैसे भोले बालकों का साथ किसे पसन्द नहीं आता? मुझे भी बालकों के साथ रहना, उनके साथ खेलना, मस्ती करना बहुत प्रिय है। परन्तु साथ-ही-साथ निर्दोष बालकों के साथ मुझे एक गम्भीर चिन्ता भी होती है। अपनी इस तकलीफ में आपको मैं सहभागी बनाना चाहता हूँ।

किसी छोटे बच्चे को उठा लूँ और उसकी आँखों से आँख मिलाऊँ तो मुझे अपने हृदय पर जरा-सा भार महसूस होता है। मैं सोचता हूँ कि बड़ा होने के साथ इसकी निर्दोषिता पर क्या-क्या बीतेगी? रीढ़विहीन और बेकार शिक्षा व्यवस्था इसके आन्तरिक विकास की क्या बुरी दशा कर डालेगी? शाला-कॉलेज में होनेवाले भेदभावों को देखकर उसके मन में कितनी पीड़ा होगी? वह अच्छी तरह पढ़ाई कर सके ऐसा स्वस्थ वातावरण भी उसे नहीं मिल सकेगा तो उसे कितनी बेचैनी होगी?

अपने समाज में स्त्रियों की दुर्दशा देखकर क्या उसकी आँतें कलप नहीं उठेंगी? दिन-दहाड़े हो रही हिंसा, अत्याचार और जुल्म के कारण उसके कोमल मस्तिष्क पर कितना बुरा असर पड़ेगा? भ्रष्टाचार और अन्याय के दबाव में वह कब तक स्वस्थ रह सकेगा? उसकी आँखों की मासूमियत इतने सारे प्रश्नों का भार कैसे उठा पाएगी? धीरे-धीरे वह अपनी संवेदनशीलता खोने लगेगा। धीरे-धीरे जड़ता की ओर आगे बढ़ने लगेगा। उसकी आँखों में प्रभात के फूलों की ताजगी के स्थान पर श्मशान की राख जैसी गमगीनी दिखाई पड़ने लगेगी! अपनी निर्दोषिता की रक्षा वह किस तरह कर पाएगा?

"बात निकलेगी तो फिर दूर तलक जाएगी..." प्रश्नों की इस शृंखला का कोई अन्त नहीं है। मेरा बालक पारिवारिक त्रासवाद का भोग बन जाए और उसकी जिन्दगी डर से काँपती रहे ऐसी कल्पना से ही मैं काँप उठता हूँ। जब-जब बालक के साथ होता हूँ, उस समय मुझे अवश्य ही महसूस होता है कि हमारे मासूम बालक की ऐसी बुरी दशा? मेरे अन्दर के बालक पर क्या-क्या बीतती है, यह मुझे पता है। इसीलिए निर्दोषिता पर लटकती यह खतरे की तलवार मुझसे सहन नहीं हो पाती।

"मैं क्या कर सकता हूँ?" इस प्रश्न का उत्तर बालक के साथ मिल सके इसकी सम्भावनाएँ ज्यादा हैं। बालक के साथ थोड़ा-सा समय गुजारने से कोई भी संवेदनशील और विचारशील व्यक्ति कठोर मानसिक संघर्ष में से गुजरे बिना नहीं रह सकता।

हम अपनी वर्तमान दशा के लिए अपनी पूर्व पीढ़ी को दोष देने में जरा भी नहीं हिचकते। परन्तु साथ-साथ हम अपनी भावी पीढ़ी के लिए कुछ कर रहे हैं क्या? क्या हम से जितना हो सके वह सब पूरी क्षमता से करने की कोशिश हम कर रहे हैं?

आप ईमानदारीपूर्वक इस प्रश्न का उत्तर देने की कोशिश करेंगे तो मुझे होनेवाले दर्द की अनुभूति आपको भी होगी।

हमारी दुनिया में निर्दोषिता को जीवित रखने के लिए मैं अपनी समस्त बुद्धिमानी को काम में लगाऊँ, यह मेरा जीवन ध्येय है। जब बुद्धिमत्ता (Intelligence) एवं निर्दोषिता (Innocence) का सन्तुलन नष्ट होता है तब समाज की यही परिस्थिति होती है, जिसे हम आज देख रहे हैं।

दोस्तो, हम चाहे जितने भी बुद्धिमान हो जाएँ, हमें अपने हृदय की निर्दोषिता को बनाए रखने हेतु पुरुषार्थ करना चाहिए, प्रपंची बनने के बजाय भोला रहना अधिक उचित है। भले न लोग हमें मूर्ख बना जाएँ—लुट, लुटकर भी हमारा क्या लुट जानेवाला है? मासूम हृदय से ज्यादा महँगी कोई पूँजी हमारे पास है क्या? तो ऐसे हृदय को घोंटकर 'स्मार्ट' बनने का क्या लाभ? ऐसी निर्दोषिता को जिन्दा रखने के लिए क्या हम कुछ कर सकते हैं?

न खुदेगा कुआँ खोदने से क्षण भर में ही
कुआँ तो खुदेगा खोदते-खोदते,
न चिनाएगी हवेली पूरी एक पल में ही,
चिनाएगी वह पूरी चिनते-चिनते,
न बुन जाएगा पूरा पट पलभर में ही,
बुन जाएगा पूरा पट बुनते-बुनते,
न पढ़ाई होगी बहुत-सी एक दिन में दलपत,
पढ़ाई होगी बहुत-सी पढ़ते-पढ़ते।

—कवि दलपत राम

(गुजराती से अनुवाद)

खुमारी

जब तक मन में धुन न हो, खुमारी न हो, तब तक मनुष्य अनन्त संघर्ष नहीं कर सकता। यदि खुमारी न हो तो मनुष्य यह बात नहीं समझ सकता कि, "खतरे में जियो और अपना आवास ज्वालामुखी पर बनाओ।" यदि खुमारी, उत्साह न हो तो मनुष्य कभी भी चुनौती स्वीकार करने की बात महसूस नहीं कर सकता।

पुराने जमाने के महाराजाओं की कुछ बातें मैंने बचपन में पढ़ी थीं। उन्हें इस समय याद करता हूँ तो रोमांचित हो जाता हूँ! जब राज्य पर कोई संकट आ पड़ता और उसकी सुरक्षा करने का काम भयंकर होता उस समय भरी सभा में एक सुन्दर थाल में पान का बीड़ा घुमाया जाता था। जो जवाँमर्द उस काम को पूरा करने की चुनौती उठाना चाहे वह उठकर पान का बीड़ा उठा लेता! और इस तरह वह चुनौती को स्वीकार करता। राजा उसे हर तरह की मुँह माँगी सहायता करता। फिर तो वह जवाँमर्द कुछ भी करके काम पूरा करने की कोशिश करता, चाहे वैसा करने में उसे अपनी जान ही क्यों न गँवानी पड़े!

जो खुद को सही लगता हो, अपने अस्तित्व के लिए आहूत काम करने के लिए यदि बीड़ा उठाने का मिजाज न हो, यदि यह खुमारी न हो, तो जिन्दगी की ठेठ गहराई तक नहीं पहुँचा जा सकता।

भारतीय प्रजा को अपनी संस्कृति का खूब गौरव है। अलबत्ता अपनी संस्कृति को पहचानने या उसे जीने के लिए कोई सक्रिय प्रयत्न करने

की इच्छा नहीं है, यह बात अलग है! भारतीय संस्कृति और भारतीय इतिहास क्या हमें कायरता सिखाते हैं?! हाथ-पैर जोड़कर बैठे रहना और चाहे कितना भी अन्याय हो तो भी चुपचाप सहन कर लेना, ऐसा हम कहाँ से सीख गए हैं? अपनी कायरता भी हमें दिखलाई नहीं देती! इसकी कोई तो सीमा होगी या नहीं?

कहाँ गया वह राजपूती मिजाज! कहाँ गई क्षत्रियों की वह शूरवीरता! भारत की आजादी का इतिहास मात्र कुछ वर्ष ही पुराना हुआ है! अभी दो पीढ़ियाँ भी नहीं गईं और इतनी निष्क्रियता! मुझे ऐसा पूछने का मन होता है कि क्या अधिकार है हमें स्वतंत्रता दिवस मनाने का? स्वतंत्रता को न्याय देने, उसे समझने की बाकायदा एक चेष्टा भी हम करते हैं? जरा आसपास नजर तो घुमाइए! क्या हो रहा है यह सब? जरा विचार तो कीजिए! मैं कहता हूँ कि हम सब जड़ और विचारहीन हो गए हैं! आप शायद स्वीकार न करें, सही है न? ठीक है!

हम सब जहाँ रहते हैं, जहाँ जाते हैं, वहाँ हम अन्याय नहीं देखते? और फिर हम क्या करते हैं?

स्कूल में जाते हैं, वहाँ हम अन्याय होता हुआ देखते हैं न? कभी शिक्षक भेदभाव करते हैं, पर हम चुप बैठे रहते हैं। कारण यह है कि कुछ बोलें तो हम नजर में आ जाएँगे और कदाचित परिणाम पर प्रभाव पड़े। हम लोगों में से बहुत से तो शिक्षकों की खुशामद करने तक गिर जाते हैं। क्या किसी दिन वर्ग या स्कूल के किसी विद्यार्थी के साथ अन्याय होता है तो हम उसका साथ देते हैं, या उसके साथ खड़े होते हैं?

शिक्षकों की बात छोड़ो। शाला-कॉलेज में अपने ही मित्रों के असंस्कारी व्यवहार के बावजूद हम उन्हें छिपाते हैं या नहीं? मित्र गालियाँ बोलते हों, लड़कियों की खिल्ली उड़ाते हों, हमें पता है कि

यह सही नहीं कर रहे हैं, फिर भी हम चुपचाप उन सबके साक्षी बने रहते हैं या नहीं? क्योंकि हमें मित्र नहीं खोने हैं, मित्रों की नजर से उतर नहीं जाना है—फिर भले ही वे कहने के लिए ही मित्र हों और वे स्वयं निम्नस्तर के मनुष्य हों।

यदि हम स्वयं ऐसे हों तो फिर देश में कितना अन्याय, भ्रष्टाचार, स्वार्थ और सड़न है, उसके बारे में क्या शिकायत कर सकते हैं? एक बार ट्रैफिक पुलिस ने मुझे पकड़कर रिश्वत लेने की कोशिश की, उस समय मैंने कोर्ट में जाना पसन्द किया था। यह करने में उस समय मेरा खूब समय तथा शक्ति खर्च हुई थी, मन खट्टा हो गया था, पर आज मुझे आनन्द है कि मैंने अपने स्वार्थ के लिए अपने आदर्शों को तो बेच नहीं दिया।

जवानी की परिभाषा क्या कहती है, वह आप जानते हैं? जो मनुष्य पूरी खुमारी से यह कह सकें कि,

We can be destroyed,
but we can not be defeated

जवानी की स्पिरिट, कवयित्री अमी जमीली व्यक्त करती हैं :

किनारों से मुझे ऐ नाखुदाओं दूर ही रखना,
वहाँ ले चलो, तूफाँ जहाँ से उठनेवाला है।

कवि मधुकर रांदेरिया भी कहते हैं :

चलो आज माझी, उठा लो लंगर,
समुन्दर में अपनी उतार दो कश्ती
सुरक्षित किनारे के भय को छोड़ दो,
तूफानों से कह दो हमने कमर कस ली है।

(गुजराती से अनुवाद)

मुझे माफ करें! मेरा आशय आपको यह सब सुनाने का नहीं है, परन्तु मेरी ऐसी इच्छा अवश्य है कि मेरा आक्रोश, मेरे मित्रों के आक्रोश के साथ मिलकर अपने समाज में एक संक्रामक रोग की भाँति फैल जाए। मेरे लिए यह सब सहन करना, बहुत मुश्किल है! हमारी मित्रता की सौगन्ध खाकर कहता हूँ, जब तक समाज की हालत नहीं सुधरेगी, मैं शान्त होकर बैठनेवाला नहीं हूँ, फिर चाहे उसके लिए मुझे अपनी जिन्दगी ही क्यों न दाँव पर लगा देनी पड़े! जॉर्ज बर्नाड शॉ ने एक सुन्दर बात कही है :

Life is no brief candle to me
It is sort of splendid torch
which I got hold for a moment,
and I want to make it burn
as brightly as possible
before turning it over
to future generations.

मेरी जिन्दगी की मशाल से जो प्रकाश निकलता है वह तो प्रेम का है, खुमारी का है! मैं और कुछ कर सकूँ या नहीं, परन्तु अल्बर्ट आइंस्टाइन की भाँति इतना तो अवश्य कहूँगा कि :

I have decided that
I would make my life my argument.
I would advocate the things I believed
in terms of the life I lived and what I did.

अपनी खुमारी की इस भावना को मैं दिन-प्रतिदिन दृढ़ करने का प्रयत्न करता हूँ। मेरे मित्र इस भावना को समझें और उसे विकसित करने का प्रयत्न करें, इसकी मुझे जल्दी अवश्य है। इस सम्बन्ध में मैं मित्रों का साथ तथा प्रेम चाहता हूँ। इन बातों में अकेला इनसान हार जाए, परन्तु एकता से विशाल संघर्ष भी आसान हो जाते हैं।

खैर! मेरी व्यथा और मेरा आक्रोश आप सभी सहन कर लेते हैं इसके लिए मैं आप सबके प्रति कृतज्ञता का तो अनुभव कर ही रहा हूँ। कैसी अनोखी है हमारी मैत्री! आपको मैं संघर्षों की ही भेंट देता जाता हूँ! संघर्षों की भेंट को हँसते-हँसते स्वीकार करनेवाले मित्रों की कद्र किसे न हो?

मैं आपको बेशुमार संघर्ष तो देता हूँ। एक छोटी-सी शान्ति देनेवाली बात यदि न कहूँ तो कृतघ्न ही कहा जाऊँ न!

ऐसा न समझें कि सब कुछ नकारात्मक हो रहा है। कितने ही मित्र मुझे अन्याय के साथ हुए उनके संघर्ष की बातें कहते हैं। उनकी बातें सुनकर मुझे भी प्रेरणा मिलती है। आज भी ऐसे लोग समाज में हैं ही, जो अपने आदर्शों को छोड़े बिना, समाज के विकास के लिए अत्यन्त कठिन कहा जानेवाला संघर्ष कर रहे होते हैं। ऐसी कुछ सामाजिक संस्थाएँ हैं, जिनके कार्यों की सुगन्ध से समाज में मानवीय मूल्य संरक्षित हैं। हजारों भ्रष्टाचारियों के बीच भी खुमारीवाला एवं निष्ठावान एक व्यक्ति ईमानदारी से अपना कर्तव्य निर्वाह करने के लिए संघर्ष करता रहता है और जान पर खेलकर समुद्र से मोती निकालनेवाला एक ऐसा गोताखोर हजारों पर भारी पड़ता है। भारत में जगह-जगह पर भ्रष्टाचार के खिलाफ संघर्ष की शुरुआत हो रही है। लोग जाग्रत हो रहे हैं। देश जाग्रत हो रहा है। अन्ततः सच्चाई और अच्छाई की ही जय होती है।

इसलिए दोस्तो, समाज अन्ततः विकसित होनेवाला ही है। वह लम्बे समय तक अज्ञानी या भटका हुआ रहनेवाला नहीं है। समाज को सही दिशा बतानेवाले मिलेंगे ही।

प्रश्न यह है कि क्या हम उन लोगों में से हैं? अपने जीवन की दिशा हम निर्धारित कर रहे हैं या फिर भेड़ की भाँति विचारहीन हो रेवड़ के पीछे-पीछे चलनेवाले हैं?

यह चुनाव हमारा, मात्र हमारा ही है!

यदि अडिग रहने का निश्चय धरती के पुत्र करे,
वह गिरे तो उसका रक्षण उसकी प्रतिच्छाया करे।

माफ कर निष्क्रियता, मुझसे ये होगा नहीं!
जीते जी मेरी कमी दुनिया को बताया करे।

इतना उन्नत ध्येय जीवन का हो सन्ताप में,
मानो बदली एकाकी चैत्र में छाया करे।

—गनी दहीवाला

(गुजराती से अनुवाद)

जीवन-ध्येय

हमारी संघर्षयात्रा आगे बढ़ाएँ उससे पहले एक स्पष्टता कर लूँ। हम जहाँ हैं वहाँ आदर्शों के लिए संघर्ष करना ही हमारा जीवन-ध्येय नहीं है। तो हमारा जीवन-ध्येय क्या हो सकता है?

इस प्रश्न का उत्तर मैं जरा विस्तारपूर्वक इसलिए देना पसन्द करूँगा कि उत्तर से शायद बहुत से मित्रों को मार्गदर्शन मिल सके। वैसे भी मेरे जीवन-ध्येय के बारे में अनेक मित्र कभी-कभी पूछते रहते हैं। जीवन-ध्येय कैसे निश्चित करना, यह दुविधा भी अनेक मित्रों की होती ही है। मेरे जीवन-ध्येय के बारे में बात करने से सम्भवतः दोनों विषयों पर प्रकाश पड़ेगा। मेरे विचारों को अन्तिम और अपरिवर्तनीय न मान लीजिएगा, वे समय के साथ बदल सकते हैं। विचार में सुधार हो रहा हो तो पुराने विचारों को पकड़े रखने की जिद मुझे सुहाए ऐसा नहीं है।

मैं जब छोटा था तब मुझे, 'Jack of all and master of none' की उपाधि मिली थी। यानी कि सभी बातों में पड़ना किन्तु किसी भी बात में निपुण न होना। उस समय मुझे इस बात का बहुत दुःख था। किसी भी बात में सम्पूर्ण कुशलता प्राप्त करने की एकाग्रता मुझमें नहीं होने जैसा मुझे लगता था। मुझसे यह कहा जाता था कि जीवन में कुछ करना हो तो एक ही विषय पर ध्यान केन्द्रित करना चाहिए। ऐसा न कर सकने की मेरी कमी के कारण मैंने बहुत पीड़ा भोगी है।

कुछ वर्षों पूर्व मेरी जो कमजोरी थी, वही इस समय मुझे सकारात्मक पहलू लगता है! मूलतः कला का विद्यार्थी और चुना विज्ञान के विषयों को! इंजीनियरिंग कर रहा था तब ऐसा ही लगता था कि कहाँ आकर फँस गया! अब पुनः कलाकार बन जाऊँ तो भी मुझे इंजीनियरिंग पढ़ने का अफसोस नहीं रहेगा, इतना मैंने उसमें से सीखा है। उत्पादकता (Productivity) एवं कार्यदक्षता (efficiency) शब्द इतने सुन्दर हैं कि उन्हें न समझ सकनेवाले कला के विद्यार्थियों पर मुझे सचमुच दया आती है! कहने का भावार्थ इतना ही है कि हीरे में जितने पहलू ज्यादा, उसकी चमक उतनी ही अधिक, यह बात कम-से-कम मेरे लिए सच हुई और मैं एक पीड़ा से मुक्त हुआ! कोई किशोर मुझसे सलाह लेने आए तो मैं उसे जितना सम्भव हो उतने वैविध्यपूर्ण विषयों का अध्ययन करने की सलाह दूँ। He must have knowledge of all choices! बाद में वह आत्मविश्वासपूर्वक अपना कैरियर चुन सकेगा।

मूल बात पर आ जाएँ। किसी शाला-कॉलेज या शहर में सुधार यह मेरा जीवन ध्येय नहीं है। मैं यह भी मानता हूँ कि इस तरह का कोई भी ध्येय किसी भी मनुष्य के लिए अन्तिम ध्येय नहीं बन जाना चाहिए। ऐसा प्रत्येक ध्येय अन्य किसी थोड़े अधिक उच्च और अधिक उम्दा ध्येय की ओर जाने और उसके द्वारा स्वविकास साधने की एक मंजिल मात्र बने रहना चाहिए। कोई एक ध्येय वह हमारी प्रयोगशाला है। यदि प्रयोग सफल हो तो उस ध्येय को मैं जरा बड़े पैमाने पर अमल में लाऊँगा। वह वहाँ भी काम करता है या नहीं यह देखूँगा! वहाँ असफल होने पर पुनः प्रयोग, उसमें सुधार और पुनः जाँच! मेरी समझ से इस प्रक्रिया का कोई अन्त नहीं है। जिस यात्रा का अन्त न हो उसकी कोई अन्तिम मंजिल भी नहीं हो सकती, सच है न!

आपको शायद ऐसा भी लगता हो कि संजीव भाई गोल-गोल बात करते हैं, पर इस बात पर स्पष्ट रूप से प्रकाश नहीं डालते। परन्तु

एकदम ईमानदारी से जो भी सत्य मैं समझ रहा हूँ, वह मैं आपसे कह रहा हूँ।

यही बात बेइली नामक दार्शनिक के शब्दों में भी सुन्दर ढंग से व्यक्त हुई है। वह कथन मैं बेइली के शब्दों में अवश्य व्यक्त करना चाहूँगा :

He most lives who thinks the most,
feels the noblest and acts the best.

मुझे अपनी जिन्दगी खूब जीनी है! मैं जिन्दगी की लम्बाई की बात नहीं कर रहा, गहराई की बात कर रहा हूँ। और जिन्दगी को गहराई से वही व्यक्ति जी सकता है, जो खूब विचार करे, अत्यन्त उम्दा भावनाएँ विकसित करे और हमेशा कोई भी काम, अच्छे से अच्छे ढंग से करने की क़ोशिश करे।

यह तो हम जानते ही हैं कि भावनाओं में सर्वोत्तम भावना प्रेम है। प्रेम की यह भावना अधिक-से-अधिक शुद्ध स्वरूप में अनुभव करना, खूब पढ़ाई करना, चिन्तन करना और उसमें से ज्ञान प्राप्त करना और प्रेम एवं ज्ञान के सहयोग से कुशलतापूर्वक अच्छे से अच्छा कार्य करने के लिए प्रयत्नशील रहना! बस, यही मेरा जीवन-ध्येय है। यही स्व-विकास का मार्ग है, मेरा मानना है कि यही आत्मदर्शन का रास्ता है।

मधुबन खुशबू देता है, सागर सावन देता है,
जीना उसका जीना है, जो औरों को जीवन देता है।

जीवन का विस्तार अत्यन्त विशाल है! सूर्य का प्रकाश भी प्रकाश है और छोटे से दीये की रोशनी भी प्रकाश है! एक छोटे-से नन्हे फूल की खुशबू भी खुशबू है और किसी विशाल उपवन की खुशबू भी खुशबू है! आँसू की एक बूँद का खारापन भी खारापन है और महासागर के जल में भी वही खारापन है! जो हवा श्वासोच्छ्वास में है, वही पवन

बड़ी नाव के मस्तूल में भी भरता है! ताल समय की गति में भी होता है और हृदय की धड़कन में भी!

हम धड़कते रहें, महत्तम क्षमता से खुशबू और प्रकाश फैलाते रहें, जितना सफर हो सके उतनी मंजिल पार करते रहें, जितना दूर जाया जा सके उतनी दूर जाएँ, जितना सीखा जा सके उतना सीखें तो फिर जो भी हमारा ध्येय होगा वह सही ही होगा।

और जिन्दगी हमारी राह देखते खड़ी नहीं रहती, हम चलें या न चलें, वह तो चलती ही रहती है :

जिन्दगी का रस पीने में करो जल्दी मरीज
एक तो कम है मदिरा और रिसता जाम है।

—मरीज

(गुजराती से अनुवाद)

कदम अस्थिर हो उसे कभी रस्ता नहीं मिलता,
अडिग मन के मुसाफिर के लिए
हिमालय भी रुकावट नहीं बनता।

—नर्मदाशंकर

(गुजराती से अनुवाद)

आत्मबल

आप सब लोग शायद कभी किसी कारखाने को देखने गए ही होंगे। धातु पर मशीनिंग करने के लिए मशीन का उपयोग करनेवाले कारीगर के पास हमेशा एक द्रव होता है जिसे 'लुब्रिकेटिंग ऑइल' कहते हैं।

जहाँ-जहाँ घर्षण होता हो, वहाँ लुब्रिकेशन की जरूरत हमेशा रहती ही है। घर्षण जितना अधिक, लुब्रिकेशन की आवश्यकता उतनी ही अधिक! कई बार किसी प्रसंग पर पानी के छिड़काव से भी काम चल जाता है, जबकि अनेक बार जिन दो सतहों के बीच में घर्षण हो रहा हो उन्हें गाढ़े चिकने द्रव में डुबोकर ही उनके बीच घर्षण की प्रक्रिया कम कराई जा सकती है।

जहाँ-जहाँ घर्षण होता है, वहाँ-वहाँ ऊष्मा उत्पन्न होती है। आग उत्पन्न होती है। इस आग को रोका न जाए तो आग जला भी सकती है! कई बार इस गरमी की प्रबलता इतनी ज्यादा होती है कि जिन वस्तुओं के बीच घर्षण हो रहा है, उन वस्तुओं का ही विनाश हो जाता है।

संघर्ष इस घर्षण का ही एक प्रकार है। आन्तरिक संघर्ष और बाह्य संघर्ष! व्यक्ति का अपने-आप से संघर्ष और व्यक्ति का दूसरे व्यक्ति के साथ या परिस्थिति के साथ घर्षण सृजन के लिए अनिवार्य है। जिस तरह घर्षण के बिना किसी वस्तु को नया रूप नहीं दिया जा सकता

उसी तरह संघर्ष के बिना सृजन भी नहीं हो सकता। संघर्ष के बिना जिन्दगी और विकास का अस्तित्व असम्भव है, यह प्रकृति का नियम है। 'मरीज' कहते हैं :

जिन्दगी को गढ़ना इतना नहीं आसां,
थोड़े प्रहार खुद स्वयं पर भी चाहिए।

(गुजराती से अनुवाद)

हम संघर्ष से दूर नहीं भाग सकते परन्तु लुब्रिकेशन अवश्य कर सकते हैं और करना भी चाहिए।

मानव जीवन के संघर्ष में सहायक 'लुब्रिकेटिंग एजेंट' कौन-कौन से हैं?

प्रेम, मैत्री, किसी का आश्रय, आत्मश्रद्धा, ईश्वरावलम्बन, कर्तव्य-निष्ठा, संगीत, पुस्तकें...आदि। मनुष्य को अपने अनुकूल लुब्रिकेटिंग एजेंट अपने-आप ही खोज लेना चाहिए। अन्य किसी का साथ मिले न मिले, मनुष्य के पास उसका अपना साथ तो होना ही चाहिए। हम ही अपना साथ छोड़ दें, निराश हो जाएँ तो फिर दूसरे से आश्रय की अपेक्षा रख सकते हैं क्या? आत्मबल से अधिक बलवान कौन-सी शक्ति हो सकती है?

इसीलिए, खूब संघर्ष करें, परन्तु संघर्ष का सामना करने की अपनी व्यवस्थाएँ भी बनाते जाने से न चूकें।

सन्तुष्टि

इकरार

मनुष्य का जन्म होता है और अपनी जिन्दगी को गहराई देने के प्रयत्नों में उसे महासंघर्ष की एक प्रक्रिया से गुजरना पड़ता है। सोना आग में जितना तपाया जाता है, उतना ही अधिक शुद्ध होता है वैसे ही मनुष्य संघर्षों से गुजरते-गुजरते अधिकाधिक जाग्रत बनता जाता है और अपनी जिन्दगी के अन्तिम लक्ष्य की ओर आगे बढ़ता है। परन्तु जिन्दगी का अन्तिम लक्ष्य क्या है?

बचपन में मुझे एक बात बार-बार सुनने को मिलती थी कि इस जन्म में मनुष्य धार्मिक जीवन जिये और पुण्यकर्म करे तभी उसे मोक्ष मिलेगा तथा वह जीवन-मरण के चक्कर से छूट सकता है। यह मोक्ष, निर्वाण ही मनुष्य के जीवन का अन्तिम लक्ष्य हो सकता है। आप भी सुने ही होंगे।

सन्तुष्टि, मोक्ष और निर्वाण की बात हो तो ईश्वर, धर्म, धार्मिकता, योग, समाधि, गीता इत्यादि जैसे विषय भी उसमें अपने-आप आ जाते हैं। यह तो पूरा आध्यात्मिक विषय हो गया!

अब आपमें से कुछ मित्रों के पेट में जलन होगी! "संजीव भाई को यह क्या कुबुद्धि सूझ रही है?! इतनी रसप्रद जिन्दगी की बातें छोड़कर आध्यात्मिकता जैसे भारी और ऊबाऊ विषय को छेड़ बैठे!!" ऐसा किसी को हो वह एकदम स्वाभाविक है, पर क्या हो सकता है? निर्णय तो मैंने ले ही लिया है। आपके हिस्से में सहन करने के

अलावा कोई चारा ही नहीं! 'हाँ' आध्यात्मिकता के बारे में सुनने से जिनका समय बिगड़ता हो वे अवश्य हॉल छोड़कर जा सकते हैं। हमने अब तक जितनी बातों की चर्चा की उनमें से भी आपको कुछ प्रेरणा की चिनगारियाँ मिल गई हों तो उतना पर्याप्त है। इसलिए यदि आप अभी आगे नहीं पढ़ें तो चलेगा—क्योंकि बात थोड़ी भारी तो है, परन्तु दो मिनट, मात्र दो मिनट मेरी बात सुन लेने के बाद में निर्णय कीजिएगा।

मुझे आत्मस्वीकृति, अपने पाप का 'इकरार' करना है! पिछले तीन वर्ष से मैं आपके भोलेपन का लाभ उठा रहा हूँ। आप सबको पता नहीं है किन्तु पिछले तीन वर्ष से आपको मैं निरन्तर झाँसा देता आ रहा हूँ। आज जब हम 'अध्यात्म' की बात कर रहे हैं, तो मैं अपने पापों का इकरार किए बिना कैसे रह सकता हूँ!

पिछले तीन वर्ष में मैंने 'आध्यात्मिकता' शब्द को आप सबसे योजनों दूर रखा है, परन्तु वास्तव में आध्यात्मिकता के सिवा और कोई भी बात नहीं की है। मैं जानता था कि मैं आध्यात्मिक पहलुओं को शामिल कर रहा हूँ, फिर भी उसे ऐसा आकार दे रहा था कि मेरे युवा मित्र इसकी कल्पना भी न कर सकें कि हम आध्यात्मिकता की ओर झुक रहे हैं! यह एकमात्र झाँसा देने का काम मैंने पिछले तीन वर्षों में किया है जिसका मुझे जरा भी अफसोस नहीं है! इस पाप के लिए यदि मुझे नरक में जाना पड़े तो मैं जाने के लिए तैयार हूँ।

आज मैं खुलेआम आपको 'ओएसिस' की जमीन बताना चाहता हूँ। अब तक उस पर कितने ही आवरण थे, पर आज सभी आवरणों को हटा देना चाहता हूँ। अब मुझे कुछ भी गुप्त नहीं रखना है क्योंकि अब जमीन इतनी मजबूत हो चुकी है जिसे हमारे जीते जी कोई तोड़ नहीं सकता है।

दूसरी एक-दो छोटी बातें भी कर दूँ।

कुछ समय पहले ओएसिस में एक चर्चा का आयोजन किया गया था। विषय था—'ईश्वर का अस्तित्व'! खूब लम्बी दलीलें हुईं, वाद-विवाद हुआ। उस दिन मैं कुछ नहीं बोला, परन्तु उन सबके अन्त में मैंने उन्हें वचन दिया था कि जिन्दगी के निदर्शन में इस विषय पर अवश्य कुछ कहूँगा।

आज अवश्य अपने वचन का पालन करनेवाला हूँ। ईश्वर के बारे में बात यदि मेरे हृदय की गहराई से निकली होगी और यदि उसे आप अपने हृदय की गहराई से सुनने का प्रयत्न करेंगे तो मैं आपको विश्वास दिलाता हूँ कि आप आस्तिक हों या नास्तिक, आपके हृदय में कोई उलझन नहीं उठेगी। उलझन हो तो मान लीजिएगा कि मैंने जो कुछ कहा था वह बकवास है।

मैं इतने आत्मविश्वास से क्यों बात कर रहा हूँ, पता है? आज मैं आपको ईश्वर का साक्षात्कार करवानेवाला हूँ। यह तो निदर्शन है, व्याख्यान नहीं! और निदर्शन तथा भाषण में क्या अन्तर है उसे मैंने आपको पहले ही बताया है। मैं 'प्रेम' की बात करूँ और आप अपने हृदय से उसे महसूस न कर सकें, तो वह भाषण हो जाएगा। मैं 'जिन्दगी' के बारे में बात करूँ और यदि आप जिन्दगी को उछलते-कूदते देख न सकें, तो वह भाषण हो जाएगा। तो मैं ईश्वर के बारे में अपनी संवेदनाएँ बहाऊँ और आप ईश्वर को देख न सकें, इस हॉल में अनुभव न कर सकें, तो मेरा बहना निरर्थक हो जाएगा न! ईश्वर की अनुभूति मैं आपको अवश्य कराऊँगा, मुझे कितनी बार हुई है। परन्तु याद रहे, आपके ईश्वर की नहीं, मेरे ईश्वर की! और यदि आप अनुभूति के लिए उत्साही हों, खुले मन से सारे बन्धन तोड़ डालने को तैयार हों, तभी आप मेरे ईश्वर की अनुभूति कर सकेंगे। अन्यथा इस हॉल में उपस्थित थोड़े अभागों में आपका भी नंबर लग जाएगा...

इस निवेदन के साथ मैं जिन्दगी के अपने निदर्शन का अन्तिम चरण आरम्भ करता हूँ।

यदि मैंने पूरी निष्ठा से, पूरी सच्चाई से, सम्पूर्ण ईमानदारी से अपने विगत तीन वर्ष का जीवन बिताने की कोशिश की हो, तो जो अनुभूति मुझे हुई है, वही अनुभूति आज मेरे सभी प्यारे मित्रों को भी हो। आमीन!

ताश के पत्तों के महल

'आध्यात्मिकता' शब्द हमें खूब भारी लगता है। हमारे मन में ऐसा पूर्वग्रह है कि आध्यात्मिकता एक अत्यन्त भारी-भरकम तथा ऊबाऊ विषय है। हालाँकि प्रत्येक पूर्वग्रह के पीछे अज्ञान के साथ ही हमारे कतिपय अनुभव भी होते हैं। आध्यात्मिकता के नाम पर हमारे दिमाग में जो भी ठोका जाता है, उसके कारण ही हम ऐसे भाव अनुभव करते हैं। वाकई में तो आध्यात्मिकता गुलाब की पंखुड़ी जैसा हलका और सुगन्धित विषय है! मेरा बस चले तो आध्यात्मिकता सम्बन्धी किसी भी लेखन या व्याख्यान में यदि नीरसता हो, तो उस पर मनाही का आदेश जारी कर दूँ! हालाँकि अच्छा यह है कि मेरा स्थगन आदेश नहीं चलता, अन्यथा कितनों की दुकान बन्द हो जाती! जिस दिन हमें आध्यात्मिकता की सच्ची समझ आ जाएगी, उस दिन देश भर में बेकारी की मात्रा बढ़नेवाली है! आध्यात्मिकता को सरस-रोचक बनाने में जो सफल न हो सकता हो, उस व्यक्ति में समाज के प्रति जवाबदेही या वफादारी का जरा-सा भी अंश बचा हो, तो उसे आध्यात्मिकता के बारे में बोलना बन्द कर देना चाहिए।

आज मुझे पहला काम करना है—इस बोझ को उतार फेंकना। अपने पापों की बात तो मैंने आपसे की, एकाध पुण्य का काम भी कर लूँ!

'आध्यात्मिकता' शब्द का क्या अर्थ होता है, आपने कभी जानने की कोशिश की है? जो आत्मा की ओर ले जाए, वह अध्यात्म। आत्म

या आत्मा का अर्थ क्या है, यह हमें स्पष्ट रूप से कोई नहीं कहता, इसलिए हम आध्यात्मिकता शब्द की सुन्दरता से वंचित रह जाते हैं। अंग्रेजी भाषा की मदद से इस शब्द की सुन्दरता को हम अधिक जल्दी से सीख सकते हैं।

आध्यात्मिकता के लिए अंग्रेजी शब्द है—स्पिरिच्युअलिटी (Spirituality) और स्पिरिच्युअलिटी मूल स्पिरिट (Spirit) से बना शब्द है।

स्पिरिट से सम्बन्धित यानी स्पिरिच्युअल। स्पीरिट का क्या अर्थ है? बहुत सरल है! गुलाब के फूल की स्पीरिट क्या है? उसका सौन्दर्य, उसका खिलना और उसकी सुगन्ध! गुलाब का फूल हाथ में लेकर उसे सूँघकर नीचे रख दें और फिर आँखें बन्द करके हमने जो कुछ अनुभव किया था उसे याद करें तो क्या याद आएगा? सौन्दर्य एवं सुगन्ध...! गुलाब के फूल की स्पीरिट, किसी चंचल गिलहरी की स्पीरिट, वनराज सिंह की स्पीरिट, गुलमोहर की स्पीरिट...बस, उसी तरह मनुष्य की स्पीरिट है! कहिए, एकदम हलका-आसान विषय है न?

मनुष्य के भीतर निहित मानवता जिससे भी विकसित हो सके, जिससे मनुष्य के अन्दर रहा हृदय सोलहों कलाओं से खिल उठे, जिससे मनुष्य के हृदय को अपार शान्ति, सुख एवं सन्तोष का अनुभव हो, वह मनुष्य को स्पिरिच्युआलिटी की ओर ले जा सकता है! इसी बात को कहने के लिए दूसरी भाषा—जो मनुष्य को उसकी आत्मा की ओर ले जाए, जो मनुष्य को स्व की ओर मोड़ सके, वह है आध्यात्मिकता! मेरी दृष्टि से यह पीछे वाली भाषा जरा कठिन है। परन्तु सदियों से चली आ रही है न! कौन बदले? मैं इस आत्मा और परमात्मा की भाषा में बात करनेवाला नहीं हूँ! संस्कृति के प्रति प्रेम और गौरव का दावा सभी करते हैं, पर कोई उसे नया वस्त्र पहनाने को तैयार नहीं! ऊपर से उपदेश तो देंगे

ही कि, "परिवर्तनशीलता यह संसार का नियम है।" परिवर्तन के लिए आप कितने प्रयत्नशील हैं भला?!

मैं अपना थोड़ा आक्रोश आरम्भ में और एक साथ ही निकाल लूँ तो अच्छा रहेगा! मैं यह बात कड़वाहट से नहीं कहना चाहता, पर क्या करूँ? जो हो रहा है उसे देखकर मुझे कुछ हो जाता है! मेरे बोलने में आपको यदि कहीं द्वेषभाव या निन्दा करने की वृत्ति दिखे तो प्लीज, मुझे माफ कीजिएगा!

ईश्वर, धर्म, धार्मिकता, योग, समाधि, गीता आदि शब्दों को जिस तरह हमारे युवाओं की ओर उछाला जा रहा है, उससे मैं परेशान हो गया हूँ।

मैं यह पूछता हूँ कि ईश्वर एक है कहते हो तो फिर अलग-अलग फोटो क्यों रखते हैं? और अलग-अलग फोटो रखने के बाद अपने चेहरे-आकृति वाले ईश्वर का प्रचार करने क्यों निकलते हो? यदि सामनेवाले के ईश्वर का रंग-रूप मेरे ईश्वर से भिन्न हो और मैं उसके ईश्वर को आदर न दे सकता होऊँ, तो 'ईश्वर एक है।' बोलने का मुझे क्या अधिकार है? परन्तु 'ईश्वर एक है', कहना इतने ऊँचे धार्मिक स्टैटस की निशानी हो गई है कि लोग बोलते-बोलते अपने व्यवहार के आन्तरिक विरोधाभास को भी नहीं देख पाते हैं! जहाँ भी मुझे दम्भ, आडम्बर दिखाई देता है वहाँ वाकई इतनी बेचैनी होती है कि कुछ न पूछो! बेचैनी नहीं होनी चाहिए, यह समझता हूँ, परन्तु उस स्तर तक पहुँचने में शायद मुझे वर्षों लग जाएँगे। तब तक बेचैनी सहन करने के सिवा कोई छुटकारा नहीं!

धर्म एवं धार्मिकता! धर्म और धार्मिकता का प्रयोजन क्या है? पेट बढ़ा लेना प्रयोजन है या धार्मिकता को अंगीकार करना? दिन में दो बार मजे से खाया जा सके, कला-मर्मज्ञों द्वारा दी हुई सुख-सुविधा का मजे से उपभोग किया जा सके और आराम की जिन्दगी जी जा सके, क्या ऐसा प्रयोजन धर्म का है? एक भी धर्मगुरु आपने ऐसा देखा है जो लोगों

की अन्धश्रद्धा से मिलनेवाली कीमती भेंट-सौगात को अस्वीकार करता हो? जरा आसपास नजर घुमाकर देखिए, शायद कोई एकाध अपवाद दिख जाए तो उसे प्रणाम कीजिएगा।

आप जानते हैं, धर्म के नाम पर कितने अनिष्ट होते हैं? लोग बिना समझे, बिना जाने ब्रह्मचर्य के व्रत तथा दीक्षा लेते हैं! अन्ततः तो यह सारा शोरगुल खुद को दूसरों से अलग और ऊँचे दिखलाने के लिए ही है। कितने ही परिवार अपनी छोटी बच्चियों को दीक्षा दिलवाते हैं—ऐसी लड़कियाँ जिन्हें जिन्दगी क्या है, यह पता भी नहीं होता! आजीवन ब्रह्मचर्य की बात करनेवाला एक युवा 'संन्यासी' अपनी सुलगती कामनाओं की बात किसी से कह नहीं सकता है! पूरी जिन्दगी, बस, दम्भ में ही जीता रहता है! क्यों? वह मनुष्य नहीं है? और मनुष्य प्राणी नहीं है? संयम की बात मुझे स्वीकार है, किन्तु जबरदस्ती से दबाई जानेवाली इच्छाओं की बात मुझे हरगिज मंजूर नहीं। यह तो कैसा धर्म? मनुष्य ईमानदार नहीं हो सकता, निखालिस नहीं हो सकता, यह कैसा धर्म!

एक मित्र ने निखालिसता से मुझे कहा कि, "संजीव भाई, मुझे लड़कियों के बारे में बहुत खराब विचार आते हैं..." इस खराब का क्या अर्थ है? क्या सेक्स खराब है या आकर्षण? भले मानुस, हमारा जन्म जिसका आभारी हो, वह वस्तु 'खराब' कैसे हो सकती है? एक सामान्य नौजवान को जो कुविचार आते हैं वे संजीव भाई को भी आ सकते हैं। मुझे वैसे विचार आ चुके हैं, आगे भी अगर वैसा वातावरण मिले तो बिना चूके आएँगे ही! एक लकीर के फकीर युवक में और मुझमें कुछ संस्कारों और थोड़े अधिक ज्ञान, संयम का ही फर्क है, बस! यहाँ कोई पवित्र, स्वर्ग से अवतरित आत्माएँ नहीं हैं! मैं आप जैसा ही हूँ और मेरी मानसिक क्षमता बिलकुल आप जितनी ही है। मैं अपनी दृष्टि आदर्श की ओर रखकर निरन्तर संघर्ष कर रहा हूँ और आप शायद नहीं कर रहे हो। मैं तो अपने-आपको खराब नहीं मानता, मैं स्वयं को बहुत

पसन्द हूँ, जबकि आप यह मान चुके हैं कि आप अच्छे नहीं है—बस! इतना ही अन्तर है हमारे बीच! मुझे कोई रुचि नहीं है कि आपके मन में अपने विषय में अमुक प्रकार की छाप पैदा करूँ जैसा मैं हूँ ही नहीं। मुझे अपने सामने भेड़ों का रेवड़ एकत्र करके उपदेश नहीं देना है! धर्म और बेईमानी?! यह कैसी धार्मिकता है, पूछ सकता हूँ?

आपमें से अधिकांश लोग जानते ही होंगे कि हम कुछ मित्र योग शिक्षक हैं, हमने योग सीखा है। योग की अनेक परिभाषाओं में से एक परिभाषा मेरे हृदय को छू गई थी, और वह है :

योग यानी जीवन जीने की कला!

हठयोग नामक शास्त्र का अन्तिम लक्ष्य समाधि कही जाती है। मैंने बहुत से ऐसे लोगों को देखा है जिन्हें अधिक-से-अधिक अच्छी तरह जीने के बजाय समाधि में अधिक रुचि है! कुछ ऐसे व्यक्तियों से मिला हूँ जो किसी संन्यासी के समाधि लेने की बात सुनने पर तुरन्त ऐसे प्रभावित हो जाएँगे कि और कुछ पूछेंगे ही नहीं! यह समाधि कौन-सी बला है? क्या वह इच्छा मृत्यु है? अरे भाई, मौत ईश्वर के हाथ की बात है, वह छोड़ो, हमारे हाथ की बात तो नहीं ही है न? हम पहले जीवन जीना तो सीखें!

हमारे भीतर एक गुरुताग्रन्थि जीवित होती है। कोई गुरु ऐसा देखा है जिसे अपने पीछे-पीछे शिष्यगण चलते, उनकी पूजा करते अच्छा न लगता हो? ये क्या? ज्ञान देने की क्रिया तो सहज होनी चाहिए! यह अहंकार पोषित करने की क्रिया बन जाती है वह बड़े-बड़े ज्ञानी भी देख नहीं पाते हैं। मुझे तो इतना आश्चर्य होता है! वैसे देखने जाएँ तो इसमें आश्चर्य हो ऐसा कुछ नहीं है। यह प्रलोभन ही ऐसा है कि शायद ही कोई उससे बच सके। अभी मेरी एक प्यारी मित्र ने पत्र में पूछा था कि, "संजीव भाई, मुझे कई बार आपके प्रति पूज्यभाव होता है। तो

ऐसा होना चाहिए या नहीं? मुझे क्या करना चाहिए?" मैंने उसे जवाब दिया कि इस बारे में मैं कुछ भी विशेष कहना नहीं चाहता। बस, वह मुझे अच्छा नहीं लगता, इतना याद रखना।

परन्तु अब मुझे समझ में आ रहा है कि प्रश्न का सच्चा उत्तर देना मैं चूक गया—मेरे भीतर भी गुरुताग्रन्थि है और मैं उसे समझने का प्रयत्न कर रहा हूँ। इस समय मैं अपने उस मित्र से सार्वजनिक रूप से कहना चाहता हूँ कि "खबरदार, जो फिर कभी मेरे साथ पूज्य भाव की बात की तो! कृपा करके मेरे मनुष्य होने का और हमारी मित्रता का अपमान न करें। किसी व्यक्ति के प्रति खूब आदर या पूज्यभाव उत्पन्न हो तो मनोमन उसे प्रणाम करने में कुछ भी गलत नहीं है। वैसा तो मैं भी करता हूँ! परन्तु कृपया पूज्यभाव का प्रदर्शन करके गलत रास्ते का आरम्भ न कीजिएगा। हम तो नई पीढ़ी के हैं न?"

एक बात तो आपको समझ में आती होगी कि ऐसी बातों से मुझे बहुत चोट पहुँचती है। आध्यात्मिकता की बात करके ही आध्यात्मिकता से दूर जाना, इससे बढ़कर दुर्भाग्य और क्या होगा?

लोग आजकल गीता का बहुत प्रचार कर रहे हैं। "गीता का अध्ययन करो! युवको, गीता का अध्ययन करो!" रुकिए, एक मिनट! गीता का अर्थ कब प्रासंगिक होता है, गीता का उल्लेख करने की परिस्थिति कब पैदा होती है, उस पर कभी विचार किया है? जब अर्जुन दो सेनाओं के बीच खड़ा हो, युद्ध होने की तैयारी हो, विरोधी पक्ष में स्वजन हों, और धर्मसंकट आ पड़ा हो, किसी भी रास्ते जाने पर दर्द ही मिलनेवाला हो, विषाद ही मिलनेवाला हो तब मनुष्य में गीता को समझने की योग्यता आती है। जिसे धर्मसंकट का अर्थ यह पता ही न हो, उसे गीता पढ़ने की सलाह क्यों देते हो? उसे क्या पता चलेगा? और वाकई आपने गीता को समझने के लिए कितनी उत्कंठा दिखाई? महात्मा गांधी की जिन्दगी गीता का जीवन्त स्वरूप थी। उनकी पूरी जिन्दगी ही गीता को समझने

की निष्ठापूर्ण कोशिश थी। और आहाहा! क्या बुलन्दी प्रदान की गीता के सन्देश को उन्होंने! प्रत्येक दबाव भरी स्थिति में सच्चाई का मार्ग पसन्द करने की हिम्मत गीता का सच्चा अध्येता ही कर सकता है! क्या गीता को समझनेवाला अपने रोज-ब-रोज के जीवन में अन्याय एवं भ्रष्टाचार की घटनाओं के विरुद्ध चुप रहेगा? क्या वह अपने घर के बालकों को डाँटकर चुप करा देगा—भले बालकों के दृष्टिकोण में सच्चाई हो? बहुत से लोग अपेक्षित परिणाम न मिलने पर, निष्फलता मिले तब गीता के कर्म सिद्धान्त को इसीलिए उद्धृत करके मन मना लेते हैं—कुछ सीख नहीं रहे होते। खुद से कहाँ चूक हुई इसके लिए आत्मनिरीक्षण नहीं करना होता है। वे प्रत्येक परिस्थिति में खुश नहीं रह सकते और फिर गीता के उपदेशों और सलाहों की वर्षा करते हैं। करके दिखाओ न, कि उपदेश न देना पड़े! "मेरा जीवन ही मेरा सन्देश है।" ऐसा बोलने की हमारी हिम्मत और तैयारी है या नहीं?

मुझे कोई मेरी हैसियत भूलकर उपदेश दे, वह बिलकुल पसन्द नहीं है। आपको ऐसा लगता है कि मैं आध्यात्मिकता के विषय में ऐसी बातें आपसे करूँगा कि कुछ शास्त्रीय या सयानी लगे? भूल जाइएगा। अपनी हैसियत का मुझे पूरा खयाल है। मैं गैरजिम्मेदार व्यक्ति नहीं हूँ।

मित्रता के नाते मैं एक आखिरी बात कहकर अपनी आक्रोश-कथा पूरी करूँगा। भारत में इस समय कितने विविध धर्म हैं, धार्मिक सम्प्रदाय हैं, सम्प्रदायों की शाखाएँ हैं, भगवान हैं, साधु-संत हैं, वह तो आपको पता ही है। यह एक ऐसी चीज है जिसमें हमारा देश खूब समृद्ध है! अब इतने सारे धार्मिक समूहों में कितना सत्व है कि वह भारत में पनप रहे भ्रष्टाचार और फैलती हुई अराजकता के लिए विशेष कुछ नहीं कर सकता?! भारत की आजादी के बाद एक भी माई का लाल ऐसा पैदा हुआ है, जो अपने धर्म के बल पर भारतवर्ष को एक करके उसे इस हालात से बाहर निकाल सके?! हमारे देश में कितनी गन्दगी है? और

हम ऐसा मानते हैं कि हमारा देश महान है। झूठ-मूठ की बड़ाई हाँकने और गलत-सलत गौरव लेने का कोई अर्थ है क्या?

यह एक अत्यन्त कड़वी वास्तविकता है, इसे स्वीकार करना ही पड़ेगा। बात जैसी है वैसी देखनी ही पड़ेगी। भारत की करोड़ों जनता को आज तथाकथित धार्मिक समाज एवं राजनेता निर्बल बना रहे हैं, इसका काश हमें थोड़ा-सा भी अहसास हो!

मेरी ऐसी बातों में किसी को उद्दंडता, अविनय, उच्छृंखला और छिछलापन लगा हो तो मुझे माफ करें। मैं हमेशा अपनी मर्यादाओं से सजग रहने का प्रयत्न करता हूँ। परन्तु जो देख रहा हूँ, अनुभव कर रहा हूँ उसे व्यक्त किए बिना नहीं रह सकता।

और मेरी बातों में गलत क्या है, वह कहिए! ईश्वर को किसी ने देखा नहीं है—स्वर्ग और नरक की बातें करके क्या करना? हम अपने अस्तित्व को स्वीकार क्यों नहीं कर सकते? जिसे हम देख सकते हैं, जिसे हम स्पर्श कर सकते हैं, जो हमारी नजर के सामने है उसे भूलकर जिसके होने या न होने का पता नहीं है, उसके बारे में विचार करने में अपनी जिन्दगी मैं कैसे बरबाद कर सकता हूँ भला?

सामने है जो उसे लोग बुरा कहते हैं...
जिसको देखा ही नहीं, उसको खुदा कहते हैं...

स्वामी विवेकानन्द कहते हैं, "मुझे तो समाधि की कोई परवाह नहीं है। जो मेरे भाई-बहनों को, मेरे मित्रों को न मिल सके वह मुझे भी नहीं चाहिए। मुझे तो मोक्ष भी नहीं चाहिए! मुझे तो गरीबों और पीड़ितों की सेवा करनी है।" क्या गलत है मनुष्य जीवन में!? खुशी है तो दुःख भी है, आशा है तो निराशा भी है, सन्तोष है तो असन्तोष भी है! मैं तो सभी को एक समान उत्कटता से गले लगाना चाहता हूँ! मेरे मित्र भी मेरी ही भाँति जिन्दगी को गले लगाना सीखें, वह मेरा

आनन्द है। मित्रभाव से कुछ भी करने की भावना कितने उच्च प्रकार की है! कुछ देता हूँ तो उपकार नहीं करता! कुछ लेता हूँ तो बोझ के नीचे दब नहीं जाता!

मित्रो, मनुष्य का सबसे बड़ा धर्म—प्रश्न करना है। जो प्रश्न नहीं करते वे आध्यात्मिकता की केवल बातें कर सकते हैं। वाकई में सच्ची आध्यात्मिकता के साथ उनका कोई सम्बन्ध हो, यह सम्भव नहीं है।

मौत की क्या ताकत कि मार सके, जिन्दगी तेरा इशारा चाहिए
जितना चढ़ना हो ऊँचा मनुष्य को, उतने उन्नत विचार चाहिए।

—शून्य पालनपुरी

(गुजराती से अनुवाद)

अन्तरात्मा

मैंने आपसे हमारे आसपास खड़े किए गए धर्मों के ताश के पत्तों के महलों को तोड़ डालने की बात की, मेहरबानी करके उसे मेरी निन्दावृत्ति या नकारात्मकता न मान लीजिएगा। जैसा कि कवि दुष्यन्त कुमार कहते हैं :

सिर्फ हंगामा खड़ा करना मेरा मकसद नहीं,
मेरी कोशिश है कि ये सूरत बदलनी चाहिए।
मेरे सीने में नहीं तो तेरे सीने में सही,
हो कहीं भी आग, लेकिन आग जलनी चाहिए।

जो कुछ अच्छा है, जितना भी अच्छा है, जितना भी सच्चा है, उसका मैं पूरे हृदय से स्वीकार करना चाहूँगा। मुझे खंडनात्मक होना जरा भी पसन्द नहीं है। परन्तु बाग लगाने से पहले जमीन पर बेतरतीब उग आए खर-पतवार साफ करने पड़ते हैं, वैसा करना कभी-कभी आवश्यक हो जाता है। आपको लगता है कि हम ईश्वर से प्रश्न पूछें तो वह नाराज हो जाएगा? हमने तो ईश्वर को भी अपनी मानसिकता की तरह ही संकुचित बना दिया है!

अब हम अध्यात्म के बारे में कुछ सकारात्मक बातें करें। ऐसी बातें जिनके कारण हमें परितृप्ति हो, सन्तोष हो। खूब प्यास लगी हो तब पानी के बारे में बातों से सन्तोष नहीं होता। पानी पीने से, मात्र

पानी पीने से ही प्यास बुझ सकती है। छोटे बच्चे को पता भी नहीं होता कि जिससे उसकी प्यास बुझ रही है, उसे पानी कहा जाता है। अथवा पानी हाइड्रोजन और आक्सीजन 2:1 के अनुपात में बना संयोजन है, ऐसा भी कोई ज्ञान उसे नहीं होता। प्यास बुझाने के लिए पानी पीना चाहिए, बस इतना ही ज्ञान उसके लिए पर्याप्त है। मुझे इसी में सबसे अधिक रुचि है कि हम सब की प्यास बुझे। संतृप्ति का अनुभव हमारा परम ध्येय है। फिर आगे की बात तो प्रत्येक व्यक्ति अपनी-अपनी शक्ति के अनुसार समझ सकता है। पर संतृप्ति तो सबको होनी ही चाहिए। यह मेरी अध्यात्म की बात को आगे बढ़ाने से पहले की भूमिका है।

आप इस बात को तो स्पष्ट रूप से समझ सके होंगे कि अध्यात्म की बात जिन्दगी की ही बात है। इसलिए अध्यात्म सम्बन्धी बात करते समय एक प्रश्न सदैव पूछते रहें, "क्या इस बात का और मेरी जिन्दगी का कोई सम्बन्ध है? क्या और किस तरह?" इन प्रश्नों का सन्तोषजनक उत्तर न मिले तो कितनी भी 'ऊँची' लगनेवाली बात को अस्वीकार करने में क्षणभर के लिए भी हिचकना नहीं। शायद इस बात को भविष्य में पुनः स्वीकार करना पड़े, उस समय भी ठिठकना नहीं चाहिए। मैं जिद करने की बात नहीं कह रहा हूँ। दृढ़ता, साहस, ईमानदारी एवं निखालिसता विकसित करने की बात कर रहा हूँ।

मूल बात पर आऊँ। जिन्दगी से मेरी क्या कामना है? अपनी जिन्दगी से मैं क्या चाहता हूँ? यह जानना अध्यात्म को समझने के लिए अत्यन्त जरूरी है।

मैं स्वयं से यह प्रश्न करता हूँ तो मुझे ऐसा लगता है कि मुझे अपने-आपका जितना हो सके उतना विस्तार करना है! बहुत बहुत सीखना है, अधिकाधिक लोगों के साथ प्रेमपूर्ण सम्बन्ध स्थापित करने हैं, उन्हें यथाशक्ति मदद करनी है और फिर भी अपने एकान्त को संरक्षित रखना

है। मेरे सम्बन्ध, मेरा समय और मेरी प्रवृत्तियाँ—सभी को न्याय देना है। किसी के भी साथ शत्रुता का सम्बन्ध नहीं रखना है। मैं सदैव अपनी बुद्धि को स्थिर रखकर, तटस्थ होकर निर्णय ले सकूँ। मेरे हृदय में प्रेम की उम्दा भावना सदैव बहती रहे। और, अलबत्ता, मेरे विचारों, भावना तथा व्यवहार में एकसूत्रता रहे...इस तरह की मुझे अपनी जिन्दगी से अपेक्षाएँ हैं। मुझे विश्वास है कि आप सब भी अपनी जिन्दगी के प्रति ऐसे ही खयाल या अरमान रखते होंगे।

परन्तु परिस्थिति विपरीत है। या तो कोई मुझे समझने में भूल कर रहा है, या मुझसे भूल हो जाती है। मैं जैसा चाहता हूँ सब कुछ वैसा नहीं होता। इस कारण मुझे परितृप्ति का अनुभव होता ही नहीं। क्या इसमें मुझे आध्यात्मिकता से कोई मदद मिल सकती है? इस प्रश्न का उत्तर खोजने की जगह हम दूसरा प्रश्न करें कि इसमें मुझे क्या सहायक हो सकता है?

जीवन को अधिक-से-अधिक आनन्द और सन्तोषपूर्वक जीने में
जो कुछ सहायक हो सकता है
वह सब अध्यात्मशास्त्र है, ऐसा कहा ही जा सकता है।

उदाहरण के लिए गत सप्ताह 'अन्तर्नाद' फिल्म देखी। मैंने उससे बहुत कुछ सीखा, समझा और उसके कारण मैं अपनी जिन्दगी के थोड़ा और निकट जा सका। तो 'अन्तर्नाद' देखना मेरे लिए आध्यात्मिक अनुभव था। गर्मियों में दिन-भर व्यस्त क्रियाओं से छूटकर शाम को खूब थका होऊँ, शरीर में से चेतना निचुड़ गई हो तब ठंडे पानी से स्नान करना मेरे लिए तो छोटा-सा आध्यात्मिक अनुभव ही है। थोड़े-थोड़े समय के अन्तराल पर प्रकृति की गोद में एकान्त ढूँढ़ने निकल पड़ना, मेरे लिए आध्यात्मिक यात्रा ही है। गांधी जी की आत्मकथा 'सत्य के प्रयोग' बार-बार पढ़ना भी मेरे लिए आध्यात्मिक अनुभव ही है। और

टॉलस्टॉय की कहानियों को पढ़ना भी मेरे लिए आध्यात्मिक अनुभव ही है। अध्यात्म रोज के जीवन में सुबह और शाम एक-एक घंटे का समय बिताना नहीं हो सकता, उसका सम्बन्ध तो जिन्दगी के प्रत्येक पल के साथ है।

मैं आपको यह समझाना चाहता हूँ कि अध्यात्म कितना सरल और कितना सुन्दर, फिर भी कितना गहन विषय है! मैंने इसे ठीक से समझा है और अपनी समस्त शक्तियाँ काम में लगाकर इस बात की भरपूर कोशिश करूँगा कि आप भी समझें। मेरे प्यारे मित्र हो न! मैं आपको दिल दहलानेवाला एक उदाहरण देता हूँ :

मान लीजिए कि मैं रात के समय कश्मीर में बस से प्रवास कर रहा हूँ। रात के लगभग तीन बजे हैं। मैं लगभग तन्द्रा में हूँ। तभी एकाएक एक झटके के साथ बस रुक जाती है। लगभग दस-बारह आतंकवादी बस को घेरे में ले लेते हैं। लूटपाट करते हैं। कुछ लोग प्रतिकार करने की कोशिश करते हैं तो आतंकवादी अन्धाधुन्ध गोलीबारी करने लगते हैं। मैं गोलियों से बचने की कोशिश करता हूँ, फिर भी एक गोली आकर मेरे हाथ में लगती है। मेरे हाथ में से रक्त का मानो फव्वारा निकल रहा है! मैं पीड़ा के महासागर में डूब जाता हूँ, घबरा जाता हूँ। इतना ज्यादा दर्द होता है! हे ईश्वर, मैंने कौन-सा अपराध किया कि मेरी ही बस पर आतंकियों का हमला हुआ और मुझे ही गोली लगी? आतंकवादी भाग जाते हैं और जरा शान्ति होने पर मैं आसपास नजर घुमाता हूँ, मुझे क्या दिखाई देता है?

मुझे तो हाथ में गोली लगी है, पर बहुतों को तो गोलियाँ सीने, पेट या माथे पर लगी हैं। कितने लोग निश्चेत होकर अपनी जगह पर गिर गए हैं। जैसे ही मैं अपने आसपास अपने सहप्रवासियों की लाशें पड़ी देखता हूँ, तुरन्त ही मैं अपने हाथ की पीड़ा भूल जाता हूँ। थोड़ी देर पहले मैं ईश्वर को फरियाद कर रहा था, इस समय मैं ईश्वर का उपकार

मानूँगा, क्योंकि मुझे तो केवल हाथ में गोली लगी है न! जो दुःख बना था वही सुख बन गया! क्या सुख क्या दुःख? कितनी अद्भुत बात है। अमृत घायल कहते हैं :

हँसना सदैव हँसना, दुःख में अवश्य हँसना,
दीवानगी का यह सयानापन मुझे प्रिय है।

(गुजराती से अनुवाद)

आल्बर्ट आइंस्टाइन की Theory of Relativity का, सापेक्षता के सिद्धान्त का मात्र विज्ञान के क्षेत्र को ही नहीं, अध्यात्म के क्षेत्र को भी स्पर्श करनेवाला अद्भुत योगदान है!

एक कदम आगे चलें—मान लें कि बस में मुझ अकेले को ही हाथ में गोली लगी होती तो मेरे पास दो विकल्प रहते न? या तो गोली लगने के कारण मैं रोता-चिल्लाता रहता अथवा 'कुछ नहीं, जान तो बच गई न!' ऐसा विचार करके शान्त-स्वस्थ रहने का प्रयत्न करता। मुझे क्या करना चाहिए? मैं किसी भी परिस्थिति में खुश रह सकूँ, सन्तुष्ट रह सकूँ वह किसके हाथ की बात है? साधु-संतों के? ईश्वर के? नहीं जी, सिर्फ मेरे ही...!

इसे सकारात्मक एप्रोच या अभिगम (Positive attitude) कहते हैं। प्रत्येक पल मन की सही स्थिति, स्थिर स्थिति बनाए रखने के लिए गीता में 'स्थितप्रज्ञ' शब्द का उपयोग हुआ है। कितना भव्य एवं सुन्दर शब्द है! जिसकी प्रज्ञा (बुद्धि) स्थिर हुई है वह 'स्थितप्रज्ञ'! क्या आप यह मानते हैं कि स्थितप्रज्ञता पर ऋषि-मुनियों का ही एकाधिकार है? मेरा अनुभव तो ऐसा नहीं कहता। हाँ, चिन्तन-मनन करना, संघर्ष करना, निरन्तर सीखते रहने की तत्परता होनी चाहिए। ऋषि-मुनि भी तो तपश्चर्या ही करते थे। हम भी वैसा कर सकते हैं। उसके लिए संसार का त्याग करने की जरूरत नहीं है।

पूरी बात का सार समझें।

जब व्यक्ति अपने-आपको केन्द्र में रखकर विचार करता है उस समय वह हमेशा दुखी होता है। जब वह मानवता को केन्द्र में रखता है, दूसरे व्यक्तियों के दृष्टिबिन्दुओं से या अन्य सम्भावनाओं को समझ के, विचार करके निर्णय लेता है तो वह खुश रह सकता है। (गोली लगने के बाद जब मैं अपने हाथ का विचार कर रहा था तब दुखी था। पर दूसरों की पीड़ा और हानि का विचार करने से स्वस्थ रह सका!)

इसका अर्थ यह हुआ कि हमारे आसपास के, अपने शहर के या अपने देश के दुखी लोगों का विचार करने से उनकी पीड़ा को महसूस करके जीवन-ध्येय मिल सकता है और ईश्वर का दर्शन भी हो सकता है। परन्तु पहले मुझे अपने दुःख का रोना रोने से बाहर निकलना पड़े न?

ईश्वर का दर्शन हमें इसलिए नहीं होता क्योंकि हम ईश्वर को समझने का प्रयत्न ही नहीं करते! ईश्वर जितनी सरल बात दुनिया में दूसरी कुछ भी नहीं है, फिर भी हम उसे कितना उलझा देते हैं!

ईश्वर यानी क्या? इस प्रश्न का उत्तर अनेक रीतियों से दिया जा सकता है। मैं आपको दो-तीन ढंग से ईश्वर की बात समझाना चाहता हूँ।

बचपन में आप किसी के साथ फिल्म देखने गए होंगे। फिल्म में डरावना दृश्य आए अथवा अत्यन्त करुण परिस्थिति आए तब छोटे बच्चे अपने आसपास बैठे व्यक्ति का हाथ पकड़ लेते हैं! बालक को समझाएँ कि यह तो फिल्म है, सब झूठी-कल्पना है, अभी फिल्म पूरी हो जाएगी और हम घर जाएँगे। तो भी वह डरावना दृश्य या करुण परिस्थिति आएगी तो बालक सहज रूप से फिर हाथ पकड़ ही लेगा! या फिर मम्मी-पप्पा की गोद में बैठने का आग्रह रखेगा ही। कारण?

यह बाल-सुलभ मर्यादा है। अमुक परिस्थिति में बालक को अवलम्बन की, सहारे की जरूरत रहेगी। सम्भवत: लम्बी अवधि के अनुभव के पश्चात् फिल्म में वह वैसे दृश्य देखने पर न डरे और उसे अवलम्बन की जरूरत न पड़े, परन्तु फिल्म नहीं तो वास्तविक जीवन में ऐसा कोई क्षण तो आएगा जब उसे अवलम्बन की जरूरत पड़ेगी, किसी के समर्थन या आश्रय की जरूरत पड़ेगी।

अवलम्बन की आवश्यकता मानव की एकदम स्वाभाविक आवश्यकता है। किसी भी उम्र में, किसी भी व्यक्ति को, किसी भी परिस्थिति में, कभी न कभी तो अवलम्बन की जरूरत तो पड़ती ही है। यह हकीकत है।

अब, जिस तरह एक भिखारी दूसरे भिखारी को भिक्षा नहीं दे सकता, उसी तरह मनुष्य को भी मनुष्य का अवलम्बन काम नहीं आए तो! जिसका अपना खुद का ठिकाना न हो वह क्या दूसरे को सहारा दे सकता है? तो मैं ऐसे व्यक्ति या चीज अथवा विषय का अवलम्बन रखना चाहूँगा जो खूब शक्तिशाली हो, जिसकी कोई मर्यादा न हो, जो सर्वशक्तिमान हो, जो मेरा साथ देने में कभी निष्फल न जाए। इस व्यक्ति या चीज या विषय को मैं ईश्वर नाम देता हूँ, अल्लाह कहता हूँ, परमेश्वर कहता हूँ, जीसस क्राइस्ट कहता हूँ....

मैं जब अपने ईश्वर को प्रणाम करता हूँ, तब किसी अनजान तत्त्व की सर्वोपरिता को और अपनी अनन्त मर्यादाओं को स्वीकार करता हूँ। और मुझे जीवन जीने के लिए बल मिले, कठिन परिस्थितियों में भी मैं अपनी स्वस्थता संरक्षित रख सकूँ, उसके लिए मैं इस अज्ञात, सर्वशक्तिमान तत्त्व के प्यार की ऊष्मा, उसका आश्रय चाहता हूँ। क्योंकि मुझे पूरी श्रद्धा है, मैं दृढ़ता से यह मानता हूँ कि मुझे आश्रय देने में वह कभी निराश नहीं करेगा। इतनी श्रद्धा हो, समझदारी हो, नम्रता हो तो दुनिया के प्रत्येक मन्दिर, मस्जिद और चर्च में या घर

के प्रत्येक कोने में ईश्वर का अस्तित्व अवश्य होता है! और इतनी स्पष्टता मन में न हो तो हम ईश्वर को भी अपनी संकुचित मनोवस्था के साथ जोड़ देते हैं।

वह बालक डरावना दृश्य आए तब अपने पापा का हाथ पकड़े, तो उसका अर्थ ऐसा नहीं है कि उसके दूसरी तरफ बैठा अपरिचित व्यक्ति कम शक्तिशाली है। शायद वह व्यक्ति उसके पापा से अधिक शक्तिशाली भी हो सकता है! परन्तु उस बालक को पापा पर विश्वास है, वह अपने पापा को जानता है। तो भले वैसा हो...! इसमें गलत क्या है?

मैं अपने मित्रों के साथ मन्दिर जाता हूँ। मेरे मित्र भगवान शिव को प्रणाम करते हैं। मैं नहीं करता। परन्तु साथ ही मेरे मित्र जब भगवान शिव को प्रणाम कर रहे होते हैं उस समय मैं खूब प्रेमपूर्वक उन्हें निहारता हूँ और उनकी श्रद्धा को खूब आदर देता हूँ। उन्हें खूब प्रेमभाव से देखता हूँ। तो क्या भगवान शिव के पैर न छूने से मैं नास्तिक हो गया।

ईश्वर के बारे में अत्यन्त स्पष्ट समझदारी रखनेवाले मनुष्य ईश्वर के बारे में वाद-विवाद नहीं करते। क्योंकि ईश्वर मनुष्य का अत्यन्त निजी विषय है, और किसी की निजी बात में किसी को भी हस्तक्षेप करने का कोई अधिकार नहीं है।

और हम लोगों का ईश्वर भी सुविधानुसार है। सोचा हुआ मिल गया या काम हो गया तो हम ईश्वर पर खुश! और यदि कोई निष्फलता मिली या अनचाहा, अनपेक्षित हुआ तो हम ईश्वर से फरियाद करते हैं, उसके साथ झगड़ते हैं और कभी-कभी तो उस पर विश्वास खोकर उसे मानना बन्द कर देते हैं। ईश्वर हमारी बात सुने तो ही ईश्वर? किसान प्रार्थना करे कि हे ईश्वर वर्षा करो। बीमार व्यक्ति प्रार्थना करे, हे ईश्वर! वर्षा मत करना! अब ईश्वर किसकी सुने?

तो फिर वाकई में ईश्वर है या नहीं?

मैंने आपको वचन दिया है न, आपको मेरे ईश्वर का साक्षात दर्शन करवाने का?! चलिए, तैयार हो जाइए! मैं कोई मजाक नहीं कर रहा, अपने जीवन की एक अत्यन्त निजी बात आपके समक्ष उजागर कर रहा हूँ...

मुझे भी एक तत्त्व का अवलम्बन है ही। जब भी विकट परिस्थिति होती है उस समय मेरी आँखें अपने-आप बन्द हो जाती हैं और इस तत्त्व को याद कर लेता हूँ। अपने इस ईश्वर पर मुझे खूब श्रद्धा है, अपार श्रद्धा! जितनी आस्था किसी को ब्रह्मा, विष्णु, महेश के प्रति हो, शायद उससे भी गहरी आस्था मुझे अपने ईश्वर के प्रति है। मेरा यह ईश्वर कौन है? जरा कल्पना कीजिए तो! आपकी सारी कल्पनाएँ गलत पड़नेवाली हैं...!

मेरा ईश्वर मेरे मित्र हैं! मित्रता मेरे लिए ईश्वरीय है। मुझे मित्रों और मित्रता में बहुत आस्था है! जब-जब कोई विकट परिस्थिति आती है, मैं किसी संकट से गुजर रहा होता हूँ, उस समय मेरे हृदय में आपकी याद चुपचाप गुजर जाती है, जो मुझे जीने के लिए अनन्त बल देती है। तो आज तो आप ही मेरे भगवान हो। आपके सहारे के बिना मैं एक तुच्छ मनुष्य क्या कर सकता हूँ? आपके पास से मैंने कितना सीखा है, आप सब किसी न किसी रूप में मेरे गुरु भी हो। आपको इस बात का खयाल न हो, परन्तु आप सबसे ही मैंने यह सब सीखा है।

दोस्तो, गुरुओं का जमाना गया। अब जमाना है मित्रता का। मैत्रीभाव से अधिक उच्च भावना या भाव मैं नहीं जानता हूँ। मैत्री यानी सभी को एक समान आदर देना। किसी तरह के ऊँच-नीच के भेदभाव से मुक्त रहना, बालक के साथ भी बड़े या बुजुर्ग की तरह दोस्ती के नाते व्यवहार करना; यथासम्भव सबकी मदद करना परन्तु किसी की जिन्दगी में दखल न देना। यह भावना इतनी ज्यादा शुद्ध है, पवित्र है,

उच्च है कि हमें ऐसा लगे यह ईश्वरीय चीज, कोई दिव्य चीज हो। और वाकई में ऐसा ही है।

इस हॉल में बैठे मेरे साथी मित्र यदि अभी खड़े होकर मुझे कहें कि मेरी भावना और मेरी समझदारी गलत है, तो मेरी आस्था अवश्य टूट सकती है। आपके ही सहारे, आपके विश्वास पर ही अपनी जिन्दगी दाँव पर लगानेवाला हूँ! मैं आप सबसे पूछता हूँ, अपने ईश्वर से पूछता हूँ। बोलो! क्या मेरी भावना गलत है? यदि मैं ईमानदारी और सच्चाई के रास्ते पर चलूँ, सम्पूर्ण निष्ठा से अपने सभी कर्तव्यों का पालन करने की कोशिश करूँ तो आप मुझे कभी निराश करेंगे क्या?

आपका उत्तर नकार में हो वैसी सम्भावना मेरे मन में तो शून्य है। बोलें, कितनी आस्था है मुझे अपने ईश्वर पर!

दूसरी एक बात कहूँ।

"ईश्वर प्रत्येक मनुष्य के हृदय में रहता है।" यह मैं जिनके सम्पर्क में आया हूँ वैसे वाक्यों में से सम्भवत: सबसे सुन्दर और अद्‌भुत वाक्य है। मेरी दृष्टि से मेरे हृदय के भीतर रहे ईश्वर के दूसरे नाम भी हैं—*एक है 'प्रेम' और दूसरा है 'अन्तरात्मा' (Conscience)।*

सामान्य मनुष्य के हृदय में बहुत कोलाहल होता रहता है। कितनी प्रकार की आवाजों का कोलाहल हृदय में होता रहता है। अहंकार की आवाज, ईर्ष्या की आवाज, अज्ञान की आवाज, स्वामित्वभाव की आवाज, "लोग क्या कहेंगे?" की आवाज...! इनमें सबसे मन्द किन्तु दृढ़ आवाज अन्तरात्मा की होती है। यह आवाज मनुष्य आसानी से सुन नहीं सकता। यह आवाज मनुष्य एकान्त में अमुक प्रक्रिया करके ही सुन पाता है। मेरी समझ के अनुसार इस प्रक्रिया का नाम 'ध्यान' (Meditation) है।

गर्मियों में सुबह की ओस से भीगी घास पर चलते-चलते, किसी सरोवर के तट पर किसी सूर्यास्त के दृश्य को देखते-देखते, समुद्री लहरों

की साक्षी में, एकान्त में—मनुष्य अपने भीतर आनेवाली सभी आवाजों को पहचान कर एक के बाद एक करके उन्हें शान्त करता चले और फिर जो अन्तिम आवाज बचे, वह आवाज अन्तरात्मा की आवाज होती है। सच्चाई के मार्ग पर चलने के लिए, सत्य-शोधकों के लिए अपनी अन्तरात्मा की आवाज को पहचानना जरूरी है। प्रत्येक मनुष्य को अपनी अन्तरात्मा की आवाज सुनना अत्यन्त आवश्यक है, तभी वह अपनी जिन्दगी के अधिक-से-अधिक निकट जा सकता है।

टॉलस्टोय ने कहा है कि :

It is when a man is alone,
away from the influence of
another men and their acts,
that he can work on himself.
It is solitude that
he must correct his thoughts,
driving out the bad and stimulating the good.

समाधि का क्या अर्थ है? इच्छा मृत्यु? इच्छानुसार मृत्यु पा सकें तो उसे समाधि कहा जाएगा? कोई भी मनुष्य मृत्यु चाहता हो और वह थोड़ा हिम्मती हो तो वह फाँसी लगाकर या जहर खाकर मर सकता है। तो उसने समाधि ले ली, ऐसा कहा जा सकता है? समाधि आत्महत्या थोड़े ही हो सकती है!

समाधि यानी सम् + आधि। आधि यानी कर्म या व्यवहार। जब हमारे सभी व्यवहार-आचरण हमारी समता में से प्रकट हों तो हमारी उस अवस्था-दशा को समाधि अवस्था कहा जा सकता है। मनुष्य जब अपने हृदय के अन्दर उठनेवाली बाकी सभी आवाजों को सदा के लिए बन्द कर सके और उसके हृदय में किसी भी परिस्थिति में नीरव शान्ति के बीच, मात्र अपनी अन्तरात्मा की ही शान्त, स्थिर और दृढ़ आवाज उठती हो, वैसी परिस्थिति को मैं समाधि अवस्था के रूप में पहचानना

चाहता हूँ। कदाचित् ऐसी अवस्था असम्भव भी हो। मैं उससे मिलों दूर हूँ परन्तु यह अवस्था ही मेरा अन्तिम ध्येय है, जिसे प्राप्त करने के लिए मैं निरन्तर प्रयत्नशील हूँ।

यह मेरा अध्यात्मशास्त्र है! और यह मेरी आध्यात्मिकता है! इसमें समझ में न आए ऐसा क्या है, भारी-भरकम लगे ऐसा क्या है, मुझे बताएँगे?

आप जरा विचार करें कि तथाकथित धार्मिक-सम्प्रदाय हमारे देश की अन्धश्रद्धालु एवं भोली प्रजा का कैसा अनुचित लाभ उठा रहे हैं! जब तक संसार-त्याग न करे तब तक वे आपको दीक्षा नहीं देंगे! मानो संसार-त्याग किए बिना मनुष्य का आध्यात्मिक विकास सम्भव ही न हो!

प्रकृति ने कोई भी वस्तु अमुक वर्ग ही और अमुक योग्यता वाले लोगों के लिए नहीं बनाई है!

जिजीविषा

मैं इस समय अमुक भाषा में बात कर रहा हूँ, इसलिए अनेक शब्दों का उल्लेख करना चूक जाता हूँ, उसे आप स्वयं ही समझ लेंगे, ऐसा विश्वास रखता हूँ। उदाहरण के लिए अन्तरात्मा की बात में मूल्य, नैतिकता, सदाचार आदि आ ही जाते हैं, जो जिन्दगी के बहुत महत्त्वपूर्ण तत्त्व हैं।

मैं आपको जिन्दगी को परिपूर्ण बनाने के लिए कुछ अत्यन्त जरूरी बातें कह चुका हूँ और अभी भी कुछ बातें कहनी हैं, किन्तु बीच में एक थोड़ी अलग बात कर लेनी है।

मेरे अनेक मित्र अत्यन्त निखालिसता से मुझसे एक प्रश्न पूछते हैं, "संजीव भाई, आप समझाते हैं तब तो सब समझ में आता है, परन्तु बाद में उस पर अमल नहीं हो पाता, तो क्या करें?" कई मित्र इस बात से हताश भी हो जाते हैं, हिम्मत हार जाते हैं, अपने-आप पर चिढ़ते रहते हैं। इसका क्या हल है? हताश होना और हताश ही रहना—ये जिन्दगी और आध्यात्मिकता से दूर ले जानेवाली बातें हैं। इनका हल तो होना ही चाहिए।

भगवान बुद्ध एवं जे. कृष्णमूर्ति दोनों की ओर से एक सामान्य बात, एक अत्यन्त सुन्दर एवं अद्‌भुत विषय को मैंने पाया है। इस विषय का नाम है : 'जागरूकता' (Awareness)।

जिन्दगी को अत्यन्त निकट से स्पर्श करनेवाले इस शब्द को मैं 'जिन्दगी' का लगभग पर्याय ही मानता हूँ। 'जागरूकता' शब्द से ओएसिस का कोई भी मित्र बिलकुल ही अपरिचित तो नहीं ही होगा। फिर भी यह 'सभानता' कैसे विकसित की जा सकती है, हम नहीं जानते हैं। हम जानें भी तो कैसे? "मनुष्य को सदैव स्वयं जागरूक रहने के लिए निरन्तर प्रयत्नशील रहना चाहिए"—कहने से कोई थोड़े ही जागरूक हो सकते है?

पूरी बात हम अचर-कुचर खाने के उदाहरण से ही समझें! मुझे अचर-कुचर (चटक-नास्ता) नहीं खाना चाहिए, पर क्यों नहीं खाना चाहिए? इस प्रश्न का उत्तर जागरूकता की दिशा में बढ़ने का पहला कदम है। मेरा पाचनतंत्र, मेरे शरीर की आहार सम्बन्धी मूलभूत आवश्यकताएँ और अचर-कुचर खाने से क्या होगा, यह सब जानना सबसे पहली आवश्यकता है। यानी कि 'जागरूकता' विकसित करने का पहना पायदान है—ज्ञान!

"परन्तु ऐसा अचर-कुचर खाना मुझे बहुत प्रिय है और मुझे खूब भाता है, थोड़ा खा लूँ, तो नहीं चलेगा?!" आजकल ऐसे बालक तथा बुजुर्ग भी हैं जो सुबह-शाम स्वास्थ्यप्रद कम और जीभ को भानेवाले 'जंक फूड' ही अधिक खाते रहते हैं।

मनुष्य की जिन्दगी में ऐसे कुछ चरण आते हैं, जब उसके पास दो विकल्प होते हैं—श्रेय और प्रेय। श्रेय यानी जिसमें उसका कल्याण है और प्रेय यानी जो उसे प्रिय है। जंक फूड प्रिय हैं परन्तु शरीर के लिए कल्याणकारी नहीं हैं। इसलिए मैं ऐसा आहार प्रिय होने पर भी उसे न खाने के विकल्प का चयन करता हूँ। और खाना खाने बैठने के बाद एक वस्तु को विकसित करने का अभ्यास करता हूँ, वह है—आत्मसंयम (Self-control)। जागरूकता विकसित करने की दिशा में यह दूसरा पायदान है। याद रखिएगा श्रेय और प्रेय का सिद्धान्त

हमारे अध्यात्मशास्त्र का अत्यन्त महत्त्वपूर्ण सिद्धान्त है! कठोपनिषद् में कहा है कि :

श्रेय और प्रेय एक बन कर आएँ समीप जन के
त्यज के प्रेय, वरें श्रेय, धीर पहुँचते हैं उन्नत।

(गुजराती से अनुवाद)

"मैं यह बात समझता हूँ। किन्तु फिर भी बाहर, भोजन समारोह में जाने का अवसर आता है तो कई बार मन को अनुकूल वातावरण मिल जाता है, वृत्तियाँ जोर मारती हैं और मैं जागरूकता खो बैठता हूँ, और कुछ भी खा लेता हूँ! क्या करूँ?"

इसका उत्तर यह है कि यदि हम वाकई में अत्यन्त निष्ठापूर्वक स्वस्थ आहार-विषयक जागरूकता विकसित करना चाहते होंगे तो हमें कुछ भी खा लेने के बाद अत्यन्त पछतावा होगा, खूब अपराधबोध का अनुभव होगा। हम अपने-आपसे बहुत नाराज हो जाएँगे कि मैंने यह क्या किया? यह भावना होना जरूरी है। और फिर जागरूकता विकसित करने का अन्तिम पायदान आता है और वह है—प्रयत्नों की निरन्तरता, प्रयत्नों में सातत्य (Persistence)!

खाने के मुद्दे को छोटी बात समझकर हम उसकी अवहेलना करेंगे, तो नहीं चलेगा। जागरूकता विकसित करने का प्रश्न है! फास्टफूड खाने या न खाने का प्रश्न नहीं है! ऐसा हो सकता है कि हमें कभी खाने का मन हो जाए और हम छूट से खायें भी। किन्तु कि ऐसी छूट-छाट सदैव के लिए कमजोरी या शिथिलता बन जाए। "निशाना चूकना माफ, परन्तु नीचा निशाना माफ नहीं।"

यहाँ एक दूसरी आवश्यक बात भी कर लूँ। अनेक स्त्री–पुरुष ऐसा प्रश्न पूछ सकते हैं, "मैं जानता हूँ अचार स्वास्थ्यप्रद आहार नहीं है। परन्तु मुझे अचार भाता हो, अचार खाने का मन होता हो और फिर

भी अचार न खाऊँ, तो वह दम्भ नहीं कहलाएगा?" मन की गहराई में अचार खाने की इच्छा रहती हो, अचार खाना छोड़ना ही न हो, और अचार खाने को उचित ठहराना हो तभी ऐसे तर्क का जन्म होता है!

"मुझे अचार अच्छा लगता है, मैं वैज्ञानिक दृष्टि से यह भी भली-भाँति समझता हूँ कि अचार नहीं खाना चाहिए, इसलिए मैं अचार नहीं खाऊँगा।" इसमें कौन-सा दम्भ आया?

ज्ञान, आत्मसंयम एवं प्रयत्नों में सातत्य—ये तीन कदम मनुष्य को जागरूकता की ओर ले जा सकते हैं। एक समय था जब मुझे अचार खूब भाता था। अभी भी यदि जीभ को स्वाद करने के लिए मिल जाए तो आनन्द भी आ जाए। परन्तु मेरा अनुभव है कि प्रयत्नों में सातत्य होने के कारण एक ऐसा समय आता है जब अचार के प्रति स्वाभाविक अरुचि पैदा हो जाती है। यह मन का प्रशिक्षण है, कोई मजाक नहीं है। मन को निरन्तर शिक्षित करते रहने से जीवन में एक समय ऐसा भी आता है कि जिसमें श्रेय है वही प्रेय भी हो जाता है।

परन्तु उसके लिए मैं प्रयत्नों में सातत्य रखने पर अधिक जोर देना चाहूँगा।

हम वन-प्रवास में जाते हैं तब जंगली प्राणियों को दूर रखने के लिए बीच में एक कैम्प फायर जलाते हैं। कैम्प फायर का जलते रहना हमारी जिन्दगी की सुरक्षा के लिए बहुत जरूरी है, यह हमारी समझ में आ जाए तो बरसात हो रही हो तो भी हम कैंप फायर को जलाए रखने के लिए जी जान से कोशिश करते हैं न? जिन्दगी की आग को इसी तरह जलती रखने के लिए उसमें कुछ डालते रहना पड़ता है। कभी फूँक मारनी पड़ती है। ठंडी कर देनेवाले प्रभावों तथा बरसात से उसकी रक्षा करनी पड़ती है।

जिन्दगी की आग जीवन्त रहे इसके लिए किए जानेवाले सभी प्रयत्न मेरी दृष्टि से आध्यात्मिक हैं। मेरा यह निदर्शन मेरे और आपके लिए

एक आध्यात्मिक अनुभव है क्योंकि, इससे हमारी जिन्दगी की आग जलती रहती है और इस आग को जलाये रखना बहुत कठिन है—बहुत ही कठिन है!

अपनी आग को जिन्दा रखना कितना मुश्किल है,
पत्थर बीच आईना रखना कितना मुश्किल है!

सहृदयता

हम स्वयं अपने साथ शायद ही संयमपूर्वक व्यवहार कर रहे होते हैं। अहंकारी न बन जाने के तनाव में जीनेवाले ऐसे अनेक लोगों को मैंने देखा है, जो सदैव अपनी कमियों को ही देखते रहते हैं, हर समय अपने आपको कोसते ही रहते हैं। जबकि दूसरे बहुत से लोग अपना बखान करने से ही बाज नहीं आते! हमारा अपने-आपको आदर देना भी उतना ही जरूरी है, जितना जरूरी अपनी कमियों और दोषों को देखते रहना है। इसमें भी ईमानदारी की बात और आत्मसंयम, सन्तुलन एवं विवेक की बात आ जाती है।

आप सभी मेरे व्यक्तित्व से काफी हद तक परिचित हैं। मेरे व्यक्तित्व के अच्छे तथा बुरे दोनों पहलू हैं ही। आप शायद मेरे खराब पहलू के सम्पर्क में कम आए हों, यह हो सकता है। पर मेरे अच्छे पहलू को तो आप देख ही सकते हैं। आपको पता है मेरे व्यक्तित्व का सर्वाधिक सुन्दर पहलू कौन-सा है?

मैं अपने इस लक्षण की बात खूब विस्तार से करना चाहता हूँ, उसके पीछे दो कारण हैं। एक तो इस लक्षण का मेरी आध्यात्मिकता से घनिष्ठ नाता है और यह लक्षण हम सभी में सामान्य (Common) है। मेरे संभी निकटस्थ मित्रों, ओएसिस को चाहनेवाले मेरे सभी मित्रों में यह लक्षण तो है ही। इसी के कारण हम सभी यहाँ एक साथ बैठ सकते हैं। मैं अपने इस लक्षण को बहुत आदर देता हूँ; इतना ही नहीं,

उसे अधिक-से-अधिक विकसित करने के लिए दिन-रात पूरे प्रयास भी कर रहा हूँ। आप भी अपने इस लक्षण को पहचानकर आदर दे सकते हैं और इसे खूब ऊँचाई तक ले जा सकें, ऐसी भावना से प्रेरित होकर मैं अपने इस लक्षण की बात करना चाहूँगा।

सहृदयता (Sincerity) यह शब्द मेरे लिए ईश्वर से जरा भी कम नहीं है! सोच भी न सके, इतना प्रिय है मुझे यह शब्द! मैं खुद को चाह सकता हूँ, मित्रों को चाह सकता हूँ अथवा जो कुछ अच्छा कर रहा हूँ, उसका सारा ही श्रेय मैं अपनी सहृदयता को देता हूँ।

यह शब्द कितना सुन्दर है, कितना अद्‌भुत है, और यह इतना सुन्दर क्यों है, क्यों इतना अद्‌भुत है यह अगर हम महसूस कर सकें, तो अवश्य ही अपनी जिन्दगी के अधिक निकट जाने में अत्यन्त ही महत्त्वपूर्ण कदम उठा सकेंगे। अपनी समझ को व्यक्त करूँ तो सहृदयता आध्यात्मिकता के देश के महाराजा के मुकुट में शोभित कलगी है! सहृदयता विकसित किए बिना कोई मनुष्य अपनी जिन्दगी को सार्थक नहीं कर सकता। इसीलिए इस शब्द को व्यक्त करने, समझने में मैं कोई कसर नहीं छोड़ना चाहता।

'सहृदयता'! 'स' अर्थात् साथ में, हृदय हमेशा साथ में हो वह सहृदयता!

मानवीय व्यक्तित्व के तीन मुख्य फलक हैं, उन्हें हम सभी जानते हैं—विचार, भावना तथा व्यवहार! मनुष्य के ये तीनों फलक कम या ज्यादा मात्रा में हमेशा कार्यशील रहते ही हैं। मनुष्य का जीवन उसके विचारों, उसकी भावनाओं और उसके कर्तव्यों तथा दैनन्दिन क्रियाओं से बँधा हुआ है। जब मनुष्य के व्यक्तित्व को सहृदयता का स्पर्श मिलता है, तब क्या होता है, पता है? जैसे पारसमणि का स्पर्श होते ही सामान्य लोहा सोने जैसी उम्दा धातु में बदल जाता है, ठीक उसी तरह सहृदयता से सामान्य मनुष्य का कोई असामान्य मानवी में परिवर्तन हो सकता है!

हमारी एप्रोच में लापरवाही अधिक होती है, हमारा व्यवहार खूब लापरवाही भरा (Casual) और बेफिक्र होता है। हम सब कुछ, हमेशा, पूरे दिल से, हृदयपूर्वक करने की कोशिश नहीं करते।

मुझे एक बात अत्यन्त प्रिय लगती है :

जो मनुष्य केवल शरीर से काम करता है वह मजदूर है,
शरीर के साथ बुद्धि का भी उपयोग करे वह कारीगर है,
और शरीर तथा बुद्धि के साथ हृदय का भी उपयोग करे
वह कलाकार है!

कितनी सुन्दर बात है! कोई भी मनुष्य अपनी सर्जनात्मकता का उपयोग करके, तन्मय होकर कार्य करे तो कलाकार ही कहा जाएगा। कलाकार बनना यह कोई भाग्य के बल पर, आकस्मिक रूप से या प्रकृति की देन से केवल अमुक ही लोगों के जीवन में होनेवाली घटना नहीं है! यह तो प्रत्येक मनुष्य का चुनाव हो सकता है। हमारे व्यवसाय, हमारे मान-रुतबे या हमारी किसी प्रवृत्ति के साथ उसका कुछ भी लेना-देना नहीं है। हम जो भी करें वह पूरे हृदयपूर्वक नहीं कर सकते? विचार भी हृदयपूर्वक हो सकता है। विचारशीलता के साथ सहृदयता होनी ही चाहिए!

प्रख्यात अमेरिकी वैज्ञानिक जॉर्ज वॉशिंग्टन कार्वर कहते हैं :

When you do the common things of life
in an uncommon way
you will command
the attention of the world.

चंडीगढ़ में एक 'रॉक गार्डन' है, आप सबको पता होगा। कूड़े-कचरे में डाली गई वस्तुओं का उपयोग करके एक व्यक्ति ने मानो एक नई दुनिया का सृजन किया है। मैं उसे 'Rock Garden' नहीं कहता,

उसे मैं 'Sincerity Garden' कहता हूँ! कितना दिल लगाकर उसने काम किया है!

हम पूरे दिन में कितने ही लोगों के साथ बातचीत करते हैं, अध्ययन करते हैं, घर का काम करते हैं...कितना सारा करते हैं? कभी हमने समझने का प्रयत्न किया है कि हम कहाँ-कहाँ सहृदयता चूक जाते हैं? या फिर हम प्रत्येक जगह पे अधिक-से-अधिक सहृदयता कैसे ला सकते हैं?

इस मुद्दे को मैं अत्यन्त गम्भीरता से लेना चाहूँगा। क्योंकि, यह मेरी जिन्दगी की सार्थकता से सीधे-सीधे सम्बन्ध रखनेवाली घटना है।

मैं आपको एक छोटा-सा उदाहरण दूँ?

मैं जब-जब पत्र लिखता हूँ उस समय पत्र के नीचे कभी-कभी आपका सहृदयी (Yours Sincerily) लिखकर हस्ताक्षर करता हूँ। जब-जब मैं यह लिखता हूँ तब यंत्रवत नहीं लिख रहा होता! आपका सहृदयी लिखते-लिखते आँखों में आँसू भर आते हैं। मैं पूरे-पूरे हृदय से कुछ लिखता हूँ, और मेरी आँखें भीग न जाएँ, यह कैसे सम्भव है! मैं कभी भी केवल लिखने के खातिर, औपचारिक रूप से या यंत्रवत, 'आपका सहृदयी' नहीं लिखता। जिस व्यक्ति को लिख रहा होऊँ उस व्यक्ति के प्रति गहरी सकारात्मक भावना का अनुभव करते-करते मैं 'आपका सहृदयी' लिखता हूँ। और इन शब्दों को लिखते समय आँखों में आँसुओं के कारण मेरे द्वारा लिखे जा रहे शब्द धुँधले पड़ जाते हों, वह मेरी एक प्रिय अनुभूति है।

हम बात-बात में 'Thank you' और 'Sorry' शब्दों का उपयोग करते हैं। मैं अपने मित्रों को हमेशा इन शब्दों को औपचारिक फॉर्मेलिटी के लिए उपयोग करने से मना करता हूँ। हमारे पूरे व्यक्तित्व से बाकायदा कृतज्ञता की भावना बह रही हो तभी अत्यन्त सहृदयता से 'Thank you' कहें, तो ही सार्थक गिना जाए! अपने किसी कृत्य के लिए सच्चे

पछतावे का भाव हो, हृदय में पश्चाताप की भावना प्रज्वलित हो, आँखों में वेदना-बिन्दु तैर रहे हों तब अत्यन्त विनम्रता से 'I am Sorry' कहेंगे, तभी सामनेवाले व्यक्ति के आर-पार निकलेगा। हम कितने यांत्रिक रूप से 'Sorry' तथा 'Thank you' शब्दों का उपयोग करते हैं, जरा विचार करें तो!

कितनी छोटी-सी बात है, है न! फिर भी उसमें कितनी गहराई लाई जा सकती है! तो यदि हमारे अपने जीवन की प्रत्येक छोटी से छोटी चेष्टा को सहृदयता का स्पर्श मिले तो? हृदय की भावनाओं को घोंट-मिलाकर की गई कोई भी प्रक्रिया कितनी जीवन्त बन जाती है!

हृदय कितनी अद्‌भुत वस्तु है, यह हमारी कल्पना में भी नहीं आता। जिसका हृदय प्रेम से लबालब हो, उसमें शक्ति का महासागर हिलोरें लेता होता है। प्रेम से पूर्ण हृदय में जब मेरा निजी दर्द एक ओर से दाखिल होता है और फिर वह दर्द दूसरी ओर से जब बाहर निकलता है तब वह मेरा निजी दर्द नहीं रह जाता, वह मेरे मित्रों के दर्द की दवा बन जाता है! अपनी समस्त नकारात्मक भावनाओं अथवा विचारों को मैं सीधे अपने हृदय में भेज देता हूँ, क्योंकि मेरे लिए हृदय यह मात्र रक्त शुद्ध करने का अंग नहीं है, अपितु मेरे समग्र व्यक्तित्व को शुद्ध करने का कारखाना है।

मुझे किसी व्यक्ति के प्रति क्रोध आए अथवा चिढ़ हो तो मैं उस पर सहृदयता का प्रयोग करता हूँ तब अन्त में क्रोध अनुकम्पा में बदल ही जाता है। मुझे कोई काम करना अच्छा न लग रहा हो तो मैं उसे सहृदयता से करने की कोशिश करता हूँ और वह एक कर्म यज्ञ में बदल जाता है। छोटे-छोटे काम भी अत्यन्त सहृदयता से करना, वह मेरा एक पागल स्वप्न है।

आपको कदाचित् विस्मय अनुभव हो, परन्तु पूरी तरह से सहृदयता से जीने को इच्छुक व्यक्ति अपने-आप ही जवाबदेही, अनुशासन,

धैर्य वगैरह सीखने लगता है, इसमें कोई आश्चर्य नहीं है! क्योंकि यह हृदयसम्बन्धी बात है! प्रेम से सम्बन्धित बात है!

मैं जब पूरी सहृदयता से काम करने की कोशिश करता हूँ तब मुझे इतने गहरे सन्तोष का अनुभव होता है कि मैं अपने-आप कई बार परिणाम को भूल जाता हूँ। 'कर्मण्येवाधिकारस्ते मा फलेषु कदाचनम्' का सिद्धान्त जीने के लिए मनुष्य को सहृदयी बनना बहुत ही आवश्यक है।

मैं जो कर रहा हूँ, वह इतनी तन्मयता से कर रहा हूँ कि मैं यह क्यों कर रहा हूँ, वह पल भर के लिए भूल जाता हूँ। इस समय मैं 'जिन्दगी' पर निदर्शन दे रहा हूँ, तो इतनी सहृदयता से बोलने की कोशिश कर रहा हूँ कि मेरे निदर्शन के बाद क्या लाभ होगा, होगा या नहीं, यह याद नहीं रहता। इसके पीछे मेरा आत्मविश्वास भी है—पूरी-पूरी सहृदयता से किया गया कर्म कभी निष्फल नहीं जाता, यह गीता के कर्मयोग का सिद्धान्त है। मैं तीन वर्ष पहले बड़ी मुश्किल से पाँच-दस मिनट बोल सकता था, वह भी सहृदयता से बोलता था। तीन वर्ष बाद पूरे दिन बोल रहा हूँ, वह भी सहृदयता से ही बोल रहा हूँ। उतनी ही सहृदयता से अपने पास मदद के लिए आए किसी मित्र के साथ भी बात करने की कोशिश करता हूँ। मेरे सामने एक व्यक्ति बैठा हो या तीन सौ, मेरी सहृदयता में जरा भी अन्तर नहीं आना चाहिए।

किसी भी चीज में निष्फल होने की भावना
यह सहृदयता के अभाव की निशानी है।

ऐसी सुन्दर सहृदयता की भावना मुझे खूब प्यारी है, अभी भी मैं कई जगहों पर सहृदयता चूक जाता हूँ, और कितनी जगहों पर अधिक सीखने की आवश्यकता है। और वैसा करने का प्रयत्न मैं अवश्य करूँगा! भरपूर प्रयत्न करूँगा!

मेरे हृदय के प्यार और ऊष्मा में निरन्तर वृद्धि हो, यह मेरा स्वप्न है। तभी मैं अपने मित्रों को प्यारभरा सहारा दे सकूँगा न!

हृदय का प्यार, हृदय की ऊष्मा बढ़ाना मेरी आध्यात्मिकता है! सहृदयता ही मेरे लिए भगवान है! यदि आप सहृदयता को मेरे व्यक्तित्व में से टपकती देख सको तो आप मेरे ईश्वर का दर्शन कर सकोगे। और मुझे पूरा विश्वास है कि इस समय आप मेरे ईश्वर की अनुभूति पा रहे हैं! यह मैं अत्यन्त गौरवपूर्वक और साथ-साथ अत्यन्त नम्रता से कह रहा हूँ।

इस गौरव और नम्रता को मैं इतना बुलन्द बनाना चाहता हूँ कि मेरा पूरा जीवन प्रार्थनामय हो जाए। मेरी एक-एक हरकत खुदा की बन्दगी हो जाए, इबादत हो जाए।

और उसके लिए मैंने आपका, हमारी मित्रता का, अपने ईश्वर का अवलम्बन माँगा है! आप पर रखा गया भरोसा, वह मैंने सहृदयता पर रखा हुआ भरोसा है! मेरी सहृदयता, आपकी सहृदयता और हमारी सहृदयता!

यह हमारी आध्यात्मिकता है!

आध्यात्मिकता और व्यवहार

मैंने आरम्भ में ही आपसे कह दिया था कि भारत में बहुत सारे धर्मों का जमावड़ा है, परन्तु वास्तव में उनमें वैसा सत्व ही नहीं है जो हमारे देश की परिस्थिति का मुकाबला कर सके। मेरी अब तक की बातों से आपको अन्दाज तो आ गया होगा कि मैं मानवधर्म एवं मानवता से सम्बन्धित बातों के सिवा अन्य किसी बात को स्पर्श करने से स्पष्ट इनकार कर रहा हूँ। मनुष्य की जिन्दगी को स्पर्श करनेवाली बातें ही मेरा अध्यात्मशास्त्र है, यह फिर-फिर कह रहा हूँ।

तो क्या हमारे पास देश में प्रवर्तमान समस्याओं का कोई हल है भी या नहीं?

सर्वप्रथम मैं अपनी स्थिति एकदम स्पष्ट कर दूँ। मुझे अहसास हो रहा है मेरे पास अन्दर-ही-अन्दर कहीं इस परिस्थिति का हल पड़ा है। मैं उसकी झाँकी भी देख चुका हूँ। किन्तु अभी वह झलक भर है, स्पष्ट चित्र अभी समय के साथ उभरेगा। इसके साथ ही अपनी कुछ मर्यादाओं को भी देख रहा हूँ, जो मेरे कर्तव्य में बाधक हो सकती हैं। मुझे यह सब समझाने और अपनी मर्यादाओं को दूर करने के प्रयत्नों की कोशिशों में आप सबको सहभागी बनाना बहुत अच्छा लगेगा। आपकी ओर से, आपके गहन चिन्तन के फलश्रुतिस्वरूप आए सुझाव मुझे खूब मदद कर सकते हैं, यह कहने की आवश्यकता तो नहीं है न?

भारत की परिस्थिति सुधारने की मेरी व्यूह रचना मूलभूत रूप से अत्यन्त ही सरल है। इस समय फैल रहे रोगों के निवारण के दो पहलू हैं। एक तो लोगों की जागरूकता (Mass awareness) और दूसरा प्रत्येक जगह पर नेतृत्व के लिए सच्चे और अच्छे व्यक्तियों की सक्रियता। यदि प्रजा में जागृति आ जाए, हिम्मत आ जाए और थोड़े हजार सत्यनिष्ठ मनुष्य, जो जान दे दें किन्तु सत्य एवं प्रजा के सच्चे हित के मार्ग से न डिगें, ऐसे कुछ हजार मनुष्य प्रजा-जागृति के माध्यम से राजनीति के सर्वोच्च शिखर तक पहुँच सकें, तो मात्र पाँच-दस वर्ष में भारत देश की परिस्थिति का नक्शा बदल सकता है। तार्किक दृष्टि से इतना तो स्पष्ट है। परन्तु ऐसा कैसे किया जा सकता है?

संगठन एवं एकता, इसका उत्तर है। प्रत्येक व्यक्ति अकेले-अकेले छटपटाता रहे, उसका कोई अर्थ नहीं है। भारत की करोड़ों की आबादी में से एक करोड़ लोग मिलकर भ्रष्टाचारियों और आतंकवादियों की नींद हराम नहीं कर सकते? कर ही सकते हैं। पर एक करोड़ लोग एकत्र कैसे हों, यह सवाल भी तो है न? एक से दो, दो से चार, चार से दस हों, दस से सौ हों, सौ में से हजार, हजार से लाख हों और लाख से करोड़ हों! इस प्रक्रिया में सबसे अधिक कठिन चरण एक से हजार तक का है, फिर तो उसमें से करोड़ों होने में देर नहीं लगती! तीन वर्ष में कितने हजार युवक-युवतियों तक सन्देश पहुँचाने के बाद, लगभग हजार भाई-बहनों के साथ ओएसिस के युवा शिविरों द्वारा सम्पर्क में आने के बाद, मुझे पचास एक युवक ऐसे मिल चुके हैं, जिनमें कुछ कर गुजरने का मेरे जैसा ही उत्साह है। इस प्रक्रिया को मैं कहाँ तक आगे ले जा सकता हूँ, वह मेरी क्षमता की बात है और वह तो समय ही बताएगा। पर मैं एक चीज में दृढ़निश्चयी हूँ। मेरे न होने से यह प्रक्रिया रुक न जाए, उस परिस्थिति का निर्माण करने के लिए मैं जी-तोड़ परिश्रम कर रहा हूँ। मेरे हाथ की मशाल मेरी मृत्यु

के बाद अवश्य दूसरों के हाथ में आएगी और क्रान्ति के सन्देश का प्रवाह रुकेगा नहीं। वर्षों से देश में चल रही सड़न की प्रक्रिया कोई दो-चार वर्ष में नहीं रुक सकती।

संक्षेप में, वर्तमान में चल रहे दुष्चक्र को तोड़ना, इतना ही नहीं दुष्चक्र टूटे तब 'अमृतचक्र' शुरू हो चुका हो, ऐसी परिस्थिति का निर्माण करना—यह मेरी व्यूहरचना है। अत्यन्त सरल बात है। उसमें शंका का स्थान ही नहीं हो सकता!

अब, सवा लाख वाले सवाल पर आएँ—भ्रष्टाचार, हिंसा, खून-खराबा, आतंकवाद का अपने पास कोई उत्तर है? महात्मा गांधी के समय में भी परिस्थिति शायद इतनी विकट न थी! यहाँ तो परदेशियों के साथ नहीं, 'घर' में ही रहनेवाले शत्रुओं के साथ लड़ना है! क्या इसका कोई उत्तर हमारे पास है?

इस समय मेरे पास कोई ठोस उत्तर नहीं है। परन्तु, मेरी विचारधारा, मेरी मर्यादाओं और मेरी कुछ उलझनों के बारे में आपसे बात करना चाहूँगा।

चढ़ते खून के कारण कई बार मुझे भी आवेश में आकर कुछ कर डालने का मन होता है! आतंकियों को गोलियों से उड़ा देने या अपने शहर के गुंडों को रातोंरात खत्म कर देने का लोभ कम नहीं है! परन्तु ऐसे विचार हताशा का परिणाम हैं। जब हमारे पास अन्य स्वस्थ उपाय-विकल्प नहीं होते तभी 'सबको रातोंरात उड़ा देने' के विचार आते हैं। परन्तु हताशा जिन्दगी और आध्यात्मिकता के विरुद्ध बात है, यह हम सब समझते हैं।

अब तक के मेरे अभ्यास और स्वाध्याय के परिणामस्वरूप इतना मैं समझ सका हूँ कि मनुष्य का धर्म प्रेम है—हिंसा नहीं, वैरभाव नहीं, द्वेषभाव नहीं है! इसलिए मैं कोई भी कार्य द्वेषभाव, चिढ़ या गुस्से से

प्रेरित होकर नहीं करना चाहता! सबसे पहले मैं अपनी आध्यात्मिक संरचना को इतना दृढ़ बनाना चाहता हूँ कि मेरे हृदय से द्वेषभाव सदा के लिए मिट जाए।

आपको पूरी बात प्रतीकात्मक रूप से समझाऊँ तो आप मेरी भावना भली-भाँति समझ सकेंगे।

कोई कुशल सर्जन हो और उसे रोगी के शरीर में से किसी सड़े अंश को निकालना हो तो वह द्वेषभाव या कड़वाहट से काम नहीं करता। वह दर्दमन्द के शरीर को चीरता है, खराब और सड़े अंश को काट डालता है और रोगी को सड़न से मुक्त करता है। इस समग्र प्रक्रिया के दरम्यान उसके हृदय में प्रेम तथा करुणा छलकती रहती है। इसका अर्थ इतना ही है कि जब हृदय में प्रेम एवं करुणा छलक रहे हों तब हाथ में चाकू है या गुलाब का फूल, इससे कोई अन्तर नहीं पड़ता। यह बात अत्यन्त गहरी है, ऐसी नहीं झट से समझ में आए। इसलिए उस पर गहन चिन्तन की आवश्यकता है।

मेरे शरीर के किसी भी भाग पर, मान लो कि पैर पर फोड़ा हुआ हो और मुझे ही दुःखता हो तब मुझे पैर या शरीर के प्रति धिक्कार या वैर का भाव नहीं होता। मेरे ही शरीर पर का एक फोड़ा है। पर फोड़ा तो है ही! उसकी मैं अवहेलना करूँ तो वह मेरी बेजवाबदेही, लापरवाही और निर्बलता है। उस फोड़े को दूर करने और शरीर को स्वच्छ करने के लिए मैं जो कुछ करूँगा वह अपने शरीर के प्रति प्रेम से प्रेरित होकर करूँगा न? फोड़े से निकलनेवाले मवाद को किसी एंटीसेप्टिक से साफ करूँगा तब मेरे हृदय में कैसे भाव होंगे? मेरा हाथ जब पैर के फोड़े साफ कर रहा होता है तब मेरे हाथ को या हाथ ही उँगलियों को पैर या फोड़े के प्रति कोई नकारात्मक भाव नहीं होता!

मैं समाज का ही एक हिस्सा हूँ। और जिस समाज का मैं एक अंग हूँ उसी समाज के गुंडे, भ्रष्टाचारी, गन्दे राजनेता भी एक अंग ही हैं। मैं इन सब अनिष्टों को दूर करके अपने समाज को स्वच्छ करना अवश्य चाहता हूँ, किन्तु द्वेषभाव से नहीं, करुणा से प्रेरित होकर! यह कार्य करने से पहले मैं अपने व्यक्तित्व को इतनी ऊँचाई पर पहुँचाना चाहता हूँ कि जहाँ से अत्यन्त आत्मविश्वासपूर्वक, एक कुशल सर्जन की भाँति अपने कर्तव्य का निर्वाह कर सकूँ।

मेरा हृदय अभी द्वेषभाव से मुक्त नहीं है। अभी यह बोलते समय हृदय में जो निर्मल भाव है वही भाव हमेशा नहीं होता। अभी मैं अपने मन-हृदय को शिक्षित-प्रशिक्षित कर रहा हूँ। हाँ, मुझे खूब आत्मविश्वासपूर्वक ऐसी अन्तःस्फुरणा होती है कि मैं इस बारे में अवश्य कुछ कर सकूँगा। प्रत्येक मनुष्य पुरुषार्थ एवं निष्ठा से काम करने का प्रयत्न करे तो उसे सफलता अवश्य मिलेगी ही। प्रयत्नों की उत्कटता घटनी नहीं चाहिए।

बस, यह है मेरे सपनों की बात, मेरी शक्तियों की बात, मेरी उलझनों की बात और मेरी मर्यादाओं की बात! ये कहानी है दीये की और तूफान की!

एक रात में सौ बार जला हूँ और बुझा हूँ,
मुफलिस का दिया हूँ, मगर आँधी से लड़ा हूँ!

यह मेरी खुमारी है!

अपने निदर्शन के अन्त की ओर जा रहा हूँ तब अध्यात्म के बारे में एक अन्तिम बात कह दूँ?

मान लीजिए कि कुछ असामाजिक तत्त्वों ने मेरा अपहरण किया है, और मेरे हाथ-पैर, शरीर के दूसरे अंगों को मजबूती से ऐसे बाँध दिया है कि छूटे नहीं और मुझे किसी जगह कैद कर रखा है। मेरे

मित्रों को पता चल जाता है और वे पुलिस की मदद से मुझे छुड़ाने आते हैं। पुलिस को देखकर सभी असामाजिक तत्त्व भाग जाते हैं। चौबीस घंटे बन्धन में रहने के कारण मेरा शरीर सुन्न-सा हो गया है! शरीर के अंगों को मानो लकवा मार गया है। इतने में मेरे मित्रगण कमरे में प्रवेश करते हैं। पहले मेरे हाथ की रस्सी काटते हैं, फिर पैर की, कमर की, फिर गरदन की...ऐसा करते-करते अन्त में मैं एकदम बन्धनमुक्त हो जाता हूँ। इस प्रक्रिया के दौरान मेरी मनोदशा कैसी होगी, पता है? मित्रों को देखते ही मैं मुक्ति देखता हूँ, मेरे शरीर में आशा और उत्साह का संचार होता है! फिर जब पहले मेरा हाथ छूटेगा तब मैं खुशी अनुभव करूँगा। यह खुशी बढ़ती चली जाएगी और जब मैं सम्पूर्ण मुक्त हो जाऊँगा तब बस खुशी से नाचना ही बाकी रहेगा! मुक्ति की प्रक्रिया का आरम्भ जब मित्रों ने कमरे में प्रवेश किया तभी से शुरू हुआ था न! हाथ-पैर छूटे, वह मुक्ति की प्रक्रिया का एक भाग था न!

'निर्वाण' या 'मोक्ष' एक क्षण में हो जानेवाली प्रक्रिया नहीं है! एक क्षण में प्रक्रिया सम्भवतः पूर्ण होती होगी, परन्तु प्रक्रिया एक ही क्षण में नहीं होती, वह तो अविरत चलती रहती है! मैं तीन वर्ष पहले था उसकी अपेक्षा अभी अधिक मुक्त हूँ और तीन वर्ष के बाद मैं और अधिक मुक्त होऊँगा। मैं निरन्तर निर्वाण पा रहा हूँ, सतत मोक्ष पा रहा हूँ।

मनुष्य की जिन्दगी में जन्म, संघर्ष तथा निर्वाण की प्रक्रिया प्रत्येक-क्षण होती रहती है, हर क्षण संघर्ष, हर क्षण निर्वाण! इसी कारण इस क्षण को उत्कटता से जीना सीखना चाहिए।

प्रत्येक क्षण को अपने जीवन की समग्रता से चाहना, प्रत्येक क्षण को पूर्णतः मान देना, सम्पूर्ण जागृति देना—वही मेरी आध्यात्मिकता है!

अब आध्यात्मिकता को नीरस विषय नहीं गिनेंगे न! जहाँ-जहाँ आध्यात्मिकता नीरस लगती हो, वहाँ से उठकर निकल जाना! बिना कारण सहन करने की, दम्भ करने की कोई जरूरत नहीं है!

बीड़ा उठाया है तो मुट्ठी में दबाकर रखो,
करने सामना छाती सतत फुलाकर रखो,
देगा मार्ग स्वयं विघ्न खिसककर 'घायल'
है शर्त बस इतनी ही कि जोश बनाकर रखो।

—अमृत 'घायल'

(गुजराती से अनुवाद)

सत्यम् शिवम् सुन्दरम्

जो सत्य है
वह ही शिव (यानी कल्याणकर्ता) है,
और उसी में सौन्दर्य निहित है।

इन तीन शब्दों में जिन्दगी का पूरा सार आ जाता है! मेरी आध्यात्मिकता की बात का पूरा अर्क इन तीन शब्दों में समा जाता है।

परन्तु, सत्य यानी क्या? शिव यानी क्या? सुन्दर यानी क्या? जब तक आप इन बातों को समझ न सकें तब तक केवल सुनने का कोई खास मतलब नहीं है। 'सत्यम् शिवम् सुन्दरम्' की अनुभूति मुझे हो चुकी है परन्तु आपको उसकी अनुभूति कराना मेरी औकात के बाहर की वस्तु है। हाँ! ईश्वर मेरी मदद करेगा तो मैं उसकी झाँकी आपको कराऊँगा। मेरी सहृदयता और मेरे मित्रों की संवेदनशीलता मुझे मदद करेगी तो मैं अवश्य ही आपको 'सत्यम् शिवम् सुन्दरम्' के अर्थ की झाँकी करा सकूँगा। परन्तु उससे पहले हम सबकी ही एक व्यक्तिगत फरियाद के बारे में बात कर लें।

"दीये के तले सदैव अँधेरा रहता है"—यह हकीकत जानने के बावजूद हम भी उसे पूरे हृदय से स्वीकार नहीं कर पाते, और इससे एक विषादपूर्ण अवस्था का जन्म हो जाता है।

पिछले तीन वर्ष से मैं जो सामाजिक अभियान चलाने का प्रयत्न कर रहा हूँ, उसके लिए मित्रों की मदद की आवश्यकता पड़ती ही है। सभी मिलकर काम करें तभी कोई सुन्दर निर्माण हो सके। महात्मा गांधी जी ने कहा ही था कि :

हम सब महासागर की बूँद जैसे हैं।
अकेले पड़ेंगे तो तुरन्त सूख जाएँगे,
साथ रहेंगे तो ही महासागर की
एक जबरदस्त लहर बन सकेंगे,
और ऐसी लहरों के मिलने से ही
महासागर बनता है।

ओएसिस के विकास में मेरे मित्रों द्वारा उठाई गई जहमत का अत्यन्त महत्त्वपूर्ण योगदान है। कुछ मित्र पाठशाला में पढ़ते हैं तो दूसरे कुछ विद्यार्थी यूनिवर्सिटी में अभ्यास कर रहे हैं। कुछ मित्र मेरे जैसे भी हैं, जो नौकरी या अन्य व्यवसाय करते हैं। हम सभी मित्रों में एक बात सामान्य है, सबके ही श्वास में ओएसिस की रटन होती है! कुछ कर गुजरने की तमन्ना होती है! ओएसिस की छत्रछाया के नीचे एकत्र होकर सभी कोई सर्जनात्मक कार्य करने के लिए सदैव उत्साही रहते हैं।

परन्तु यहाँ हमेशा एक विषादमय परिस्थिति निर्मित होती है। अध्ययन, परिवार तथा सामाजिक प्रवृत्ति के बीच के असन्तुलन या अन्य किसी भी कारण से घर में एक अस्वस्थता-भरी परिस्थिति का जन्म होता है। माता-पिता अथवा अन्य परिवारजन अपने पुत्र या पुत्री के जीवन में अचानक हुए अत्यन्त बृहद् परिवर्तन को तुरन्त स्वीकार न कर सकें, वह स्वाभाविक है। साथ-ही-साथ सभी मित्रों की यह भावना होती है कि हम इतनी निश्चयात्मकता

विकसित करके, कितनी तकलीफ से सन्तुलन बनाए रखने की कोशिश कर रहे हैं, तब हमें सहारे की जगह अपने ही माता-पिता की ओर से, हमारे ही परिवारजनों की ओर से दुत्कारा क्यों जाता है? कोई हमें समझने का प्रयत्न क्यों नहीं करता है? क्या हम खराब काम कर रहे हैं कि हमें बारम्बार, अलग-अलग अवसरों पर हमेशा ताने मारे जाते हैं?

यह बात अत्यन्त गम्भीर है। इसी कारण मेरे कई मित्र मेरे पास आकर खूब रोए हैं। जो रो नहीं सकते उनके भी आँसू मैं देख सका हूँ। उनकी व्यथा को मैं अच्छी तरह समझता हूँ क्योंकि मैं भी इस प्रक्रिया से होकर गुजरा हूँ। इतना ही नहीं प्रत्येक मित्र के परिवार में, जहाँ भी ऐसी अस्वस्थता-भरी, असन्तोषजनक परिस्थिति है उसके लिए मैं अपने-आपको सीधे तौर पर जवाबदेह मानता हूँ। मेरे मित्रों का दुःख तथा उनके परिवारजनों का दुःख, यह मेरा दुःख है। मेरे पास इसका समाधान भी है, परन्तु उसके लिए दोनों पक्षों के सहकार की जरूरत होती है, जो मुझे शायद ही मिलता है।

भारत देश में ही राजपूत प्रजा थी। राजपूत खुमारी और बहादुरी के प्रतीक थे! राजपूतानी माँ अपने पति अथवा अपने नौजवान पुत्र को युद्ध के समय अपने हाथ से कुमकुम-चावल का तिलक लगाकर उससे कहती कि, "जा बेटा! फतह कर! मृत्यु भी आए तो सामने छाती रखकर मरना, जो तूने एक सिंहनी का दूध पिया हो तो!" उस राजपूतानी माँ को अपने पुत्र के लिए प्रेम नहीं होगा? वह अपने पुत्र की जिन्दगी, उसके उज्ज्वल भविष्य के लिए क्या नहीं चाहती होगी? पुत्र के सिर पर हाथ फिराकर हँसते-हँसते जब वह पुत्र में खुमारी का सिंचन करती होगी, तब उसका हृदय व्यथित नहीं होता होगा? राजपूतों की यह खुमारी, केसरिया करने का उनका मिजाज अनेक विकट युद्धों को जिताने का कारण बना है। इतिहास इसका साक्षी है!

राजपूत जब युद्ध करने जाते तब युद्ध केवल युद्ध नहीं रह जाता था, वह एक उत्सव बन जाता था!

अत्यन्त अफसोस की बात है कि आज हम राजपूतों का वह मिजाज खो बैठे हैं। अपने देश के लिए, अपने गाँव-शहर के लिए, अपनी शिक्षा के लिए अपने ही बेटों के लिए कुछ करना, वह क्या हमारा कर्तव्य नहीं है? समाज को जितनी जरूरत मेहनतकश किसानों की होती है, उतनी ही जरूरत बहादुर सैनिकों की भी होती है! उतनी ही जरूरत संवेदनशील कलाकारों की भी होती है! किसान कविता का सर्जन नहीं कर सकते, उसके लिए उन्हें दोष नहीं दिया जा सकता। वे कुछ तो करते हैं न! सच्ची निष्ठा से करते हैं न!

इतिहास में ऐसा भी घटित हुआ है कि राज्य पर कोई आपत्ति आई हो और राज्य में सैनिकों की तंगी हो तो प्रत्येक परिवार में से एक-एक व्यक्ति को अनिवार्यतः सेना में जुड़ना पड़ता! जिस तरह कोई व्यक्ति अपने परिवार के प्रति उसके कर्तव्यों को नहीं चूक सकता, उसी तरह कोई भी परिवार राष्ट्र के प्रति अपने कर्तव्य को नहीं भूल सकता।

यह सत्य है, परन्तु इस सत्य को स्वीकार करना अत्यन्त कठिन है, उसके लिए मन तथा हृदय को विशाल रखना पड़ता है! प्रेम भावना को खूब विस्तृत करना पड़ता है!

अपने मित्रों से मुझे एक ही बात कहनी है।

हम जो कुछ करते हैं वह सोच-समझकर करते हैं न? अपनी भूलों से निरन्तर सीखना और जीवन से जुड़ी समस्त चीजों में सन्तुलन बनाए रखने का ईमानदारी से प्रयत्न करते हैं न! माता-पिता को भले असन्तोष हो, किन्तु गलती से भी हम ऐसा कुछ नहीं करते हैं जिससे माता-पिता के संस्कार लज्जित हों? तो फिर हमें अपना रास्ता छोड़ने की, व्यग्र होने की या उलझन में पड़ने की कोई आवश्यकता नहीं है।

हमारे माता-पिता सदैव हमारी भलाई की ही कामना करते हैं। करते हैं न? उन्हें हमेशा हमारी चिन्ता, हमारे सुख की चिन्ता, सन्तानों की चिन्ता तो रहती ही है न! और माता-पिता तथा परिवारजन राष्ट्र के प्रति हमारी जवाबदेही की भावना को शायद नहीं समझ सकते। इस कारण कभी-कभी हताशा के कारण कुछ बोलें तो उसे अपने मन पर लेना चाहिए क्या? इस समय ऐसा वातावरण नहीं है कि जिसके कारण प्रजा में जागृति आ सके, और प्रत्येक परिवार समाज में चल रहे भ्रष्टाचार, अन्याय और हिंसा जैसे अनिष्टों को दूर करने के लिए कोई प्रयास करे। भविष्य में अवश्य ऐसी जागृति आएगी। प्रजा सत्य समझेगी और जिस काम के लिए अपने परिवारजनों की ओर से आज हमें थोड़ा सहन करना पड़ रहा है, उसी काम के लिए कदाचित् कल अपने परिवारजनों की छाती चौड़ी होगी!

इतना कहने के बाद भी यदि आप इस बारे में व्यथित रहते हों तो मैं एक आखिरी बात करूँ। मेरे लिए यह बात कहना बहुत मुश्किल है, परन्तु आपको सत्य के निकट ले जाने के लिए सम्भवत: जरूरी है। जिन्दगी के आज के मेरे निदर्शन में अन्तिम बार मैं मृत्यु की घटना की मदद लेना चाहूँगा।

आप अपने माता-पिता तथा अन्य परिवारजनों के साथ रहते हो तो उनकी भावना को आप समझते ही होंगे। पलभर के लिए कल्पना कीजिए कि किसी कारणवश कल ही आपकी मृत्यु हो जाए तो परिजन तथा स्वजन कैसी भावना का अनुभव करेंगे? जिस बात में जीते जी आपकी निन्दा हो रही है, मृत्यु के पश्चात् उसी के कारण आपकी प्रशंसा होगी।

मृत्यु के सम्पर्क से समस्त द्वेष, दम्भ, ईर्ष्या और दूसरे झूठ झड़ जाते हैं। मृत्यु के समय व्यक्ति की समस्त नकारात्मकता अपने-आप दूर हो जाती है। मेरी मृत्यु के बाद मेरे माता-पिता और मेरे परिवारजनों

की जो भावना मेरे प्रति है, वह उनकी सच्ची भावना है। यह हमारा दुर्भाग्य है कि हमारे जीते जी वह भावना हमें नहीं मिल रही है। परन्तु यह शायद प्रकृति का नियम भी है।

मुझे ब्लड कैंसर हुआ हो और मात्र एक-दो दिन का मेहमान होऊँ तो मृत्यु के पहले मेरी जो भी कामना हो, उसमें कोई विघ्न नहीं आएगा! उस समय तो मुझे सभी प्रकार की स्वतंत्रता प्रेमपूर्वक ही दी जाएगी न? जब मैं मृत्यु-शैया पर पड़ा होऊँ तब बिना सभी के अवरोध मैं जो कर सकता हूँ, वह चीज जीते जी दूर नहीं हो सकती!

मृत्यु का (हमारी, हमारे परिवारजनों की तथा मित्रों की) निरन्तर स्मरण हमें हमेशा सच्चे ढंग से आचरण करने के लिए, सकारात्मक विचार करने के लिए और उम्दा भावनाओं की संवेदनाएँ अभी, इसी वक्त ही अनुभव करने के लिए प्रेरित करता है। मृत्यु का निरन्तर स्मरण रहना चाहिए, यह गीता का भी सन्देश है!

मृत्यु का निरन्तर स्मरण मनुष्य को निरन्तर सत्य की राह पर चला सकता है।

मेरा और आपका धर्म यही हो सकता है कि हम पूरा विचार करके जो सत्य लगता हो, जिसमें हम सभी का कल्याण निहित हो उसमें ही सौन्दर्य देखने की कोशिश करें। मुझे जो सत्य आज समझ में आ रहा है, उसी रास्ते मैं चलूँ, भले बाद में उसमें चाहे कितने भी संघर्ष क्यों न आएँ?

हाँ, मेरे खिलाफ़ चाहे जितने आक्षेप, आक्रोश या अन्य कोई नकारात्मक भावनाएँ आएँ—मुझे सदैव सद्भाव, उल्लास एवं प्रेम के सिवा कुछ भी नहीं देना चाहिए। अज्ञानतावश माता-पिता एवं परिवारजन चाहे जो करें परन्तु क्या उनके प्रति द्वेषभाव रखना चाहिए? जो प्रशंसा और निन्दा से परे है, वही सत्य की खोज कर सकता है।

जिनके हृदय में निरन्तर प्रेम ही प्रवाहित होता है, ऐसे ही लोगों की आज भारत तथा दुनिया को जरूरत है। ऐसी योग्यता पाने का भीतर-ही-भीतर से मन हो, यदि उसके लिए खुशी-खुशी से, सहज भाव से, कुछ भी सहन करके दृढ़ निश्चयात्मकता विकसित करने की आपमें खुमारी हो और वैसा करने में ही आपको अपने जीवन की सार्थकता दिखलाई देती हो, आपको ऐसी कोई अनुभूति होती हो जिसके कारण आपको वैसा ही करना पड़े, क्योंकि भीतर से उस तरह की ही आवाज उठती हो, तो वही आपके लिए सत्यम् है, वही आपके लिए शिवम् है और उसी में आपकी जिन्दगी का सुन्दरम् छिपा है।

अपनी समस्त संवेदनशीलता का उपयोग कर कल्पना करने की कोशिश करें कि मुझे ऐसी कौन-सी अनुभूति हुई होगी, जिसके सहारे मैं इतना लम्बा रास्ता तय कर पाया! क्या ओएसिस के मेरे प्यारे मित्र जिस संघर्ष से गुजर रहे हैं, उन संघर्षों का सामना मुझे नहीं करना पड़ा होगा? आप अपने हृदय की गहराई से मेरी बात को महसूस करने की कोशिश करें, मेरे अन्दर, एकदम भीतर मुझे क्या होता होगा, जो मेरे जीवन को इतनी जबरदस्त प्रेरणा देता होगा? मुझे हो रही अनुभूति का अहसास आपको भी होता है न? हृदय की एकदम गहराई में चले जाएँ, अपने बिलकुल भीतर उतर कर महसूस करने का प्रयास करें। किस प्रेरणा से हम सारे विघ्नों और संघर्षों के सामने टिके रहकर प्रगति कर सकते हैं?

मेरे विचार में यह अनुभूति ईश्वर की अनुभूति है! इस अनुभूति के कारण ही मुझे अपने कर्म करने के लिए आत्मबल मिलता है। यह अनुभूति मेरे लिए भगवान है और यह मेरा भगवान हमेशा, हर घड़ी, हर पल मेरे साथ ही होता है!

और जो ईश्वर मेरे भीतर है, वही आपके भीतर भी होगा न? आपकी आँखों की आर्द्रता आपकी इस अनुभूति की और आपके भीतर अवस्थित ईश्वर का प्रमाण है और यदि मैं आपको उस अनुभूति का कुछ अहसास मात्र भी करा सका होऊँ, तो भी मैं अपने प्रयत्नों को सार्थक हुआ मानूँगा।

जिन्दगी की भेंट

सबेरे मैंने आपको वचन दिया था। आज मेरा वास्तविक जन्मदिवस है, मेरी प्रवृत्तियों का जन्मदिवस है—मेरी 'जिन्दगी' का जन्मदिवस है और अपने इस अत्यन्त पवित्र दिवस पर मैं आपको तीन महामंत्रों का उपहार देना चाहता हूँ। इन तीन महामंत्रों से मेरी जिन्दगी का संविधान निर्मित हुआ है और मैं मानता हूँ कि किसी भी जिन्दगी के संविधान के लिए ये तीनों सिद्धान्त अत्यन्त आवश्यक हैं।

आप सब लोग आँख मूँदकर मेरे इस उपहार को, मेरी इन संवेदनाओं को स्वीकार करें, ऐसी मेरी इच्छा है।

1. जिस तत्त्व से यह दुनिया एकसूत्र में बँधी हुई है, जिसके ही कारण मानवता का अस्तित्व टिका हुआ है, जो विश्व के समस्त प्रश्नों का हल है, जिसके सहारे हमारी मित्रता और हमारी जिन्दगी बह रही है, जिसकी नमी हमारी आँखों में सदा तैरती रहती है, जो हम सबके जीवन की मंजिल भी है और राह भी, ऐसा अद्‌भुत एवं दिव्य मेरा प्रथम सिद्धान्त है, प्रेम का सिद्धान्त!
2. प्रेम के सहारे जिस तत्त्व से हमारी जिन्दगी दृढ़तापूर्वक, अनन्य निश्चयात्मकता से, बुलन्द ध्वनि के साथ बह सकती है; जो हमें कुछ कर गुजरने की प्रेरणा देती है, जिसके कारण हम अपने बन्धु-बान्धवों और अपने देश-बन्धुओं के प्रति अपने

कर्तव्यों का निर्वाह कर सकें और जिसके कारण मौत भी एक बार शरमा जाए इतनी बुलन्दी हमारे जीवन को प्रदान कर सकें ऐसा गौरवप्रद, यह मेरा दूसरा सिद्धान्त है, खुमारी का सिद्धान्त!

3. जिन्दगी का यह सार, जिसमें किसी भी जिन्दगी की सार्थकता समाहित है, जिसके कारण जिन्दगी को श्रद्धामय एवं प्रार्थनामय बनाया जा सकता है; जिसके कारण हम निरन्तर अन्धकार से प्रकाश की ओर जा सकते हैं और जो हमें, सभी को एक होकर मानवता की सेवा में जुड़ जाने की प्रेरणा देता है, जिन्दगी का ऐसा तीसरा और अन्तिम सिद्धान्त है, 'सत्यम, शिवम् सुन्दरम्' का सिद्धान्त!

देखें, आप जिन्दगी का यह अद्‌भुत रहस्य पाने से चूक जाते!

आप सबके भीतर छुपी हुई जबरदस्त शक्ति, आपके अन्दर छुपी हुई एक सुन्दर जिन्दगी और आपके अन्त: में छुपी मानवता को सलाम करते हुए आपकी समस्त पवित्र इच्छाएँ फलें, इस अपनी प्रार्थना के साथ मैं विराम लेता हूँ।

परिशिष्ट

नई पगडंडी हूँ मैं

सुलगता अंगारा हूँ मैं,
छुओगे कैसे मुझे आप, कहिए तो सही!

कल-कल बहता झरना हूँ मैं,
धोओगे कैसे मुझे आप, कहिए तो सही!

आकाश को छूने का स्वप्न हूँ मैं,
समझोगे कैसे मुझे आप, कहिए तो सही!

महासागर का मिजाज हूँ मैं,
बचाएँगे कैसे मुझे आप, कहिए तो सही!

पर्वतों की अटलता हूँ मैं,
हिलाओगे कैसे मुझे आप, कहिए तो सही!

जंगलों की श्वास हूँ मैं,
महसूस कैसे करोगे मुझे आप, कहिए तो सही!

बनती हुई पगडंडी हूँ मैं,
रहबर मेरे कैसे बनोगे आप, कहिए तो सही!

—संजीव शाह

(गुजराती से अनुवाद)

ओएसिस प्रार्थना-गीत-1

मधुबन खुशबू देता है, सागर सावन देता है
जीना उसका जीना है, जो औरों को जीवन देता है
मधुबन खुशबू देता है...

सूरज ना बन पाए तो, बनके दीपक जलता चल...(2)
फूल मिलें या अंगारे, सच की राहों पे चलता चल
सच की राहों पे चलता चल
प्यार दिलों को देता है, अश्कों को दामन देता है
जीना उसका जीना है, जो औरों को जीवन देता है
मधुबन खुशबू देता है...

चलती है लहरा के पवन, के साँस सभी की चलती रहे...(2)
लोगों ने त्याग दिए जीवन, के प्रीत दिलों में पलती रहे
के प्रीत दिलों में पलती रहे
दिल वो दिल है जो औरों को, अपनी धड़कन देता है
जीना उसका जीना है, जो औरों को जीवन देता है
मधुबन खुशबू देता है...

फिल्म : साजन बिना सुहागन
गीतकार : इन्दीवर

ओएसिस प्रार्थना-गीत-2

आशाएँ आशाएँ आशाएँ
आशाएँ आशाएँ आशाएँ...

कुछ पाने की हो आस आस,
कोई अरमाँ हो जो खास खास
आशाएँ, आशाएँ, आशाएँ...

हर कोशिश में हो वार वार,
करे दरियाओं को आर पार
आशाएँ, आशाएँ, आशाएँ...

तूफानों को चीर के, मंजिलों को छीन ले

आशाएँ खिलें दिल की, उम्मीदें हँसे दिल की
अब मुश्किल, नहीं कुछ भी, नहीं कुछ भी

ओहो...हो...हो...हो...हो...हो
आशाएँ आशाएँ हो...हो...ही...हो
आशाएँ, उम्मीदें...

उड़ जाएँ ले के खुशी, अपने संग तुझको वहाँ
जन्नत से मुलाकात हो, पूरी हो तेरी हर दुआ

आशाएँ खिलें दिल की, उम्मीदें हँसे दिल की
अब मुश्किल, नहीं कुछ भी, नहीं कुछ भी

आशाएँ खिलें दिल की, उम्मीदें हँसे दिल की
अब मुश्किल, नहीं कुछ भी, नहीं कुछ भी

आशाएँ, उम्मीदें, आशाएँ, उम्मीदें, आशाएँ, उम्मीदें
आशाएँ आशाएँ...

गुजरे ऐसी हर रात रात, हो ख्वाहिशों से बात बात,
आशाएँ, उम्मीदें, आशाएँ, उम्मीदें, आशाएँ, उम्मीदें

लेकर सूरज से आग आग, गाए जा अपना राग राग,
आशाएँ, आशाएँ, आशाएँ...
कुछ ऐसा करके दिखा, खुद खुश हो जाए खुदा

आशाएँ खिलें दिल की, उम्मीदें हँसे दिल की
अब मुश्किल, नहीं कुछ भी, नहीं कुछ भी

आशाएँ खिलें दिल की, उम्मीदें हँसे दिल की
अब मुश्किल, नहीं कुछ भी, नहीं कुछ भी

ओहो...हो...हो...हो...हो...हो
आशाएँ आशाएँ हो...हो...हो...हो

फ़िल्म : इक़बाल
गीतकार : इरफ़ान सिद्दिकी